LE ROI GRENOUILLE
ET AUTRES CONTES

JAKOB ET WILHELM GRIMM

LE ROI GRENOUILLE ET AUTRES CONTES

Traduit de l'allemand
par Anne Georges

Le roi Grenouille
ou Henri de Fer

En des temps très anciens, où l'on pouvait croire que les vœux se réalisaient, vivait un roi dont les filles étaient d'une grande beauté ; mais la beauté de la plus jeune était si exquise que même le soleil, qui en a pourtant beaucoup vu, s'étonnait chaque fois qu'il éclairait son visage. Près du château du roi s'étendait une forêt vaste et sombre, et dans la forêt sous un vieux tilleul se trouvait une fontaine. Par temps très chaud, l'exquise princesse allait s'asseoir au bord de la fontaine pour goûter la fraîcheur de l'eau. Lorsqu'elle s'ennuyait, elle prenait sa balle d'or et s'amusait à la lancer en l'air et à la rattraper. C'était son jouet préféré.

Mais un jour, la balle d'or, plutôt que de retomber dans ses petites mains, atterrit sur le sol et roula dans l'eau. Or la fontaine était si profonde que l'on n'en voyait pas le fond. Alors la jeune princesse, qui avait suivi des yeux la course de la balle, fondit en larmes. Elle n'en finissait pas de gémir et de sangloter. Elle restait inconsolable.

Soudain, une voix lui cria :

— Que se passe-t-il, jeune princesse ? Pourquoi ces pleurs à fendre l'âme ?

La princesse regarda autour d'elle. D'où pouvait bien venir cette voix ? C'est alors qu'elle aperçut dans la fontaine la grosse tête hideuse d'une grenouille.

— Ah, ce n'est que toi, vieille peau toute fripée, qui barbote dans l'eau et fais tous ces plouf ! s'exclama-t-elle. Je pleure, parce que ma balle d'or est tombée dans l'eau.

— Calme-toi et sèche tes larmes ! répondit la grenouille. Je vais te venir en aide. Mais que me donne-ras-tu si je te rapporte ton jouet ?

— Ce que tu veux, dit la princesse : mes robes, mes perles et autres bijoux. Même la couronne d'or que je porte sur la tête.

— Je n'ai envie ni de tes robes, ni de tes perles et autres bijoux. Ni même de ta couronne d'or. Par contre, si tu acceptes de m'aimer, que je puisse jouer avec toi, m'asseoir à tes côtés, manger dans ton assiette d'or, boire dans ton gobelet d'or, partager ton lit, si tu me promets tout cela, je plongerai au fond de la fontaine et te rapporterai ta balle d'or.

— C'est bon, répliqua-t-elle. Je te promets tout ce que tu veux. Mais tu me rapportes ma balle.

Ce disant, elle pensait en elle-même : « Qu'est-ce qu'elle me raconte, cette grande sotte de grenouille, qui passe sa vie dans l'eau à coasser avec ses semblables ? Je ne vois vraiment pas comment elle pourrait partager la vie des humains. »

Forte de la promesse qui lui était faite, la grenouille plongea la tête la première et se laissa glisser au fond de l'eau. Peu après, ramant des quatre pattes, elle réapparut avec la balle. Elle la jeta dans l'herbe.

À la vue de son jouet préféré, la jeune princesse fut folle de joie. Elle courut le ramasser, puis partit à toutes jambes vers le château.

— Attends-moi ! Attends-moi ! cria la grenouille. Emmène-moi avec toi ! Je ne peux pas courir aussi vite que toi.

Mais ses coâ, coâ, poussés à perdre haleine restèrent vains. La jeune princesse demeura sourde à ses appels et, de retour au château, elle eut vite fait d'oublier la pauvre grenouille. Celle-ci n'eut plus qu'à replonger dans la fontaine.

Le lendemain, la jeune princesse, assise à la grande table du repas, s'apprêtait à dîner avec le roi et tous les gens de la cour. Au même moment se fit entendre un flic-floc, flic-floc qui montait l'escalier de marbre, puis s'arrêta en haut des marches. S'en suivit un toc-toc à la porte et une voix appela :

— Fille du roi, la plus jeune, ouvre-moi !

Se demandant qui cela pouvait bien être, la jeune princesse courut à la porte, l'ouvrit et tomba sur la grenouille. D'un geste brusque, elle lui referma la porte au nez et regagna sa place à la grande table. Mais elle se sentait très mal. Son cœur battait comme un tambour.

Le roi le remarqua et lui demanda :

— Mon enfant, de quoi as-tu peur ? Y aurait-il un géant derrière la porte qui chercherait à t'enlever ?

— Non, répondit-elle. Ce n'est qu'une grenouille, visqueuse et répugnante.

— Que veut-elle ?

— Ah, cher père ! Hier, j'étais allée m'asseoir dans la forêt au bord de la fontaine et je jouais avec ma balle d'or. À un moment donné, elle tomba dans l'eau. Quand la grenouille me vit en larmes, elle alla la rechercher. Pour cela, elle m'avait fait promettre de devenir son amie. Je lui avais dit oui, n'imaginant pas un instant qu'une grenouille puisse vivre hors de l'eau. Pourtant, c'est bien elle que je viens de voir derrière la porte. Elle veut rentrer et partager ma vie.

Sur ces entrefaites, on frappa une seconde fois et la même voix cria :

« Fille du roi, la plus jeune,
Ouvre-moi !
As-tu oublié
Ce qu'hier tu m'as promis
Au bord de la fontaine fraîche ?

Fille du roi, la plus jeune,
Ouvre-moi ! »

Le roi dit alors :

— Tu as promis. Tu dois tenir ta parole. Va à la porte et ouvre-lui !

La jeune princesse alla ouvrir. La grenouille aussitôt entra et la suivit à petits bonds jusqu'à sa place. Au pied de la chaise, elle lui cria :

— Fais-moi grimper à côté de toi !

La princesse hésita. Alors le roi lui intima l'ordre d'obéir.

Une fois grimpée sur la chaise, la grenouille voulut monter sur la table. Et dès qu'elle fut sur la table, elle demanda :

— Approche-moi ton assiette d'or, pour que je partage ton repas !

La princesse, chaque fois, s'exécuta. Mais il était évident qu'elle le faisait à contrecœur. Elle était d'ailleurs si contrariée qu'elle avait du mal à avaler chaque bouchée. La grenouille, en revanche, sembla trouver le repas à son goût. Elle finit par dire :

— Je n'ai plus faim. Par contre, je suis fatiguée. Emporte-moi dans ta chambrette, prépare ton lit de soie, et nous dormirons ensemble.

Cette fois, la fille du roi fondit en larmes. Comment imaginer qu'elle allait partager son lit bien propre avec cette grenouille au contact si froid qu'elle n'osait même pas la toucher ? Mais le roi se mit en colère et lui dit :

— Tu n'as pas le droit de mépriser quelqu'un qui t'est venu en aide quand tu étais dans le besoin.

La jeune princesse prit alors la grenouille du bout des doigts, la monta dans sa chambre et la déposa dans un coin. Mais quand elle fut couchée, la pauvre petite bête se traîna jusqu'au lit et lui dit :

— Je suis morte de sommeil. Aide-moi à me glisser, moi aussi, dans tes draps de soie. Sinon je le dirai à ton père.

Prise de rage, la princesse la souleva et la projeta contre le mur en hurlant :

— Et maintenant, puisque tu es si fatiguée, repose-toi, horrible grenouille !

Ce ne fut pas une petite bête qui retomba alors sur le plancher, mais un jeune prince de sang royal dont le beau regard traduisait une grande bonté.

La jeune princesse venait de découvrir en cet instant celui qui deviendrait le meilleur des époux.

Elle voulut connaître son histoire. Il raconta :

— Un jour, une méchante sorcière me jeta un sort, qui me condamna à vivre sous la forme d'une grenouille dans la fontaine de la forêt. Une seule personne pouvait m'en délivrer. Cette personne, c'était toi. Et maintenant, dormons. Demain, nous irons ensemble dans le royaume de mon père.

Le lendemain, alors que les premiers rayons du soleil les tiraient de leur sommeil, un carrosse arriva, tiré par huit chevaux blancs, parés de plumets de même couleur sur la tête et de harnais d'or. Debout à l'arrière, se tenait le valet du jeune prince royal, le fidèle Henri. Celui-ci avait été si bouleversé le jour où son maître avait été changé en grenouille qu'il avait fait ceindre sa poitrine de trois anneaux de fer, afin que son cœur n'éclate pas de douleur et de désespoir. Aujourd'hui, il venait le rechercher pour le ramener dans le royaume de son père. Après l'avoir aidé à monter avec la jeune princesse dans le carrosse, il reprit la place qu'il avait toujours tenue, juste derrière son maître, rayonnant de joie de le voir délivré de l'affreux sortilège.

Le carrosse roulait depuis un moment, quand le jeune prince entendit dans son dos des craquements. Il tourna la tête et s'écria :

« Henri, est-ce l'attelage qui brise ses chaînes ? »
« Non, mon Seigneur, ce sont les miennes.
Trois anneaux de fer bridant mon cœur
Que je fis poser ce jour où, en pleurs,
Je vous vis dans la fontaine,
Transformé en une grenouille si vilaine. »

À deux reprises encore, les craquements se renouvelèrent. Chaque fois, le fils du roi pensa que le carrosse volait en éclats. Ce n'étaient que les anneaux de fer autour de la poitrine du fidèle Henri qui se brisaient, tant son cœur enflait de bonheur.

TOM POUCE

C'était le soir. Un pauvre paysan, assis près de la cheminée, tisonnait le feu, l'air songeur, tandis que sa femme filait la laine. Rompant enfin le silence, il soupira :

— Que c'est triste de ne pas avoir d'enfants ! C'est si calme chez nous, alors que les autres maisons sont remplies de rires et de cris de joie.

— Hélas oui ! répliqua la femme. N'en n'aurions-nous qu'un seul et quand bien même ne serait-il pas plus grand que le pouce, je m'estimerais heureuse et nous l'aimerions de tout notre cœur.

Peu après, la femme ressentit des malaises et, sept mois plus tard, elle mit au monde un enfant. Il était normalement constitué. Par contre, il n'était pas plus grand que le pouce. Mais le paysan et sa femme se réjouirent.

— Il est tel que nous l'avions souhaité, se dirent-ils. Il sera notre enfant chéri.

Et en raison de sa petite taille, ils le prénommèrent Tom Pouce.

Bien qu'il ne manquât jamais de nourriture, l'enfant ne grandit pas et conserva la taille qu'il avait à sa naissance. Mais son regard pétillait d'intelligence et il ne tarda pas à se révéler un petit être futé et débrouillard qui réussissait tout ce qu'il entreprenait.

Un jour, s'apprêtant à partir dans la forêt couper du bois, le paysan s'exclama :

— Si seulement j'avais quelqu'un qui puisse me rejoindre avec la charrette !

Tom Pouce aussitôt s'écria :

— Oh, papa ! Confie-moi cette tâche. Je te promets d'arriver en temps voulu dans la forêt.

— Comment t'y prendras-tu, mon enfant ? lui répondit son père en souriant. Tu es bien trop petit pour tenir les rênes du cheval et le diriger.

— Ce n'est pas un problème, répliqua Tom Pouce. Si maman veut bien atteler le cheval à la charrette, moi, je m'installerai dans son oreille et je lui dirai ce qu'il doit faire.

— Eh bien, répondit le père, on peut toujours essayer.

Quand ce fut l'heure de partir, la mère attela le cheval, puis assit Tom Pouce dans l'oreille de l'animal.

Pendant tout le trajet, le petit bonhomme lança des hue et des dia, et cahin-caha, la charrette emprunta le bon chemin conduisant à la forêt. Dans un virage, alors que Tom Pouce lançait pour la énième fois : « Dia ! dia ! », deux inconnus, intrigués, s'approchèrent.

— Comme c'est bizarre ! dit l'un. Une charrette qui passe. La voix d'un cocher qui guide le cheval. Et pourtant, je ne vois pas de cocher !

— Il y a quelque chose qui ne tourne pas rond, renchérit l'autre. Je propose que nous suivions la charrette pour voir où elle va s'arrêter.

Or la charrette s'enfonça profondément dans la forêt et s'arrêta juste à l'endroit où le bois venait d'être coupé. Dès que Tom Pouce aperçut son père, il lui cria fièrement :

— Tu as vu, papa ? C'est moi avec la charrette ! Et maintenant, aide-moi à descendre.

Retenant de la main gauche la tête du cheval par la bride, le père, de la main droite, sortit son fils de l'oreille de l'animal et le déposa par terre. Le garçon s'assit alors sur un brin d'herbe. Il rayonnait de joie.

À la vue de Tom Pouce, les deux inconnus restèrent bouche bée. Le temps de revenir de leur surprise, l'un d'eux prit l'autre à part et chuchota :

— Écoute ! Ce marmot peut être la chance de notre vie. Si nous le produisons en spectacle dans une grande ville, il peut nous rapporter gros. On va l'acheter.

C'est ainsi qu'ils se dirigèrent vers le paysan et lui dirent :

— Vends-nous ce petit bonhomme. Il sera très heureux avec nous.

— Non, répondit le père. Il est mon fils bien-aimé et je ne le vendrai pas pour tout l'or du monde.

Ayant écouté le marchandage des deux inconnus, Tom Pouce agrippa les plis de la veste de son père, se hissa jusqu'à son épaule et lui glissa à l'oreille :

— Accepte, papa. Et ne t'inquiète pas pour moi. Je serai bientôt de retour à la maison.

Alors le père se laissa fléchir et reçut de la part des deux hommes une grosse somme d'argent en échange de son fils.

— Où veux-tu t'asseoir ? demandèrent les hommes à Tom Pouce.

— Sur le rebord de l'un de vos chapeaux, répondit-il. Comme ça, je pourrai faire les cent pas et admirer le paysage sans risquer de tomber.

Ce qui fut dit, fut fait. Ils marchèrent ensuite jusqu'à la nuit tombée, quand subitement le garçon cria à celui qui le portait :

— Descendez-moi par terre. Ça presse !

Mais l'homme lui répondit :

— Reste où tu es. Ça ne me dérange pas que tu te soulages là-haut. Ce ne serait pas la première fois que je recevrais des pipis d'oiseau sur la figure.

— Pas question ! protesta Tom Pouce. C'est contraire à mon éducation. Alors descendez-moi. Et vite.

L'homme retira donc son chapeau et déposa le petit bonhomme dans un champ, au bord du chemin. Mais sitôt à terre, celui-ci ne fit qu'un bond dans les sillons, se mit à ramper, puis se glissa dans un trou de souris qu'il avait repéré. Pouffant de rire, il leur cria alors :

— Bonsoir, messieurs ! Rentrez chez vous sans ma compagnie.

Les hommes se précipitèrent dans la direction d'où provenait la voix et se mirent à fourrager dans le trou de souris avec des bâtons, mais leurs efforts furent vains. Et comme il allait faire nuit noire, il ne leur resta plus qu'à rentrer chez eux, ivres de rage et la bourse vide.

Quand Tom Pouce se fut assuré qu'ils étaient partis, il sortit de sa cachette et songea : « Il ne fait pas bon être seul en pleine campagne dans la nuit. Un malheur est vite arrivé ! » Par bonheur, il heurta une coquille d'escargot vide. Un cri de joie fusa :

— Dieu soit loué ! Je vais pouvoir passer la nuit en lieu sûr.

Et il s'engagea à l'intérieur.

À peine s'était il assoupi qu'il entendit deux hommes passer près de lui, dont l'un disait à l'autre :

— Comment va-t-on s'y prendre pour subtiliser à ce riche curé son argent et ses biens de valeur ?

— Moi, je sais, intervint Tom Pouce du fond de sa coquille.

— Qu'est-ce que c'est ? s'écria l'un des voleurs, effrayé. J'ai entendu quelqu'un parler !

S'étant immobilisés, les deux hommes tendirent l'oreille.

— Emmenez-moi avec vous, reprit Tom Pouce. Je vous aiderai.

— Mais où tu es ? demanda l'un des voleurs.

— Cherchez par terre et laissez-vous guider par la voix.

Quand les malfrats l'eurent enfin trouvé, ils le portèrent à leurs yeux et s'esclaffèrent :

— Quoi, un nabot comme toi ! Comment tu pourrais nous aider ?

— Rien de plus simple, répondit Tom Pouce. Je commence par entrer dans la maison du curé en me glissant entre les barreaux de la fenêtre. Et, une fois dans les lieux, je n'ai plus qu'à vous passer tout ce que vous voulez.

— Pourquoi pas ? se dirent les voleurs. Ça vaut le coup de tenter notre chance.

Ils se rendirent de ce pas devant la maison du curé et Tom Pouce n'eut aucun mal à passer entre les barreaux pour pénétrer à l'intérieur. C'est alors qu'il se mit à hurler aux voleurs :

— Vous voulez absolument tout ce qu'il y a ici ?

Les deux hommes sursautèrent d'effroi.

— Moins fort ! le supplièrent-ils. Tu vas réveiller tout le monde.

Mais faisant celui qui n'avait pas compris, Tom Pouce se remit à hurler :

— Dites ! Vous voulez absolument tout ?

Réveillée par les hurlements de Tom Pouce, la servante du curé, qui dormait dans la pièce voisine, se redressa brusquement dans son lit et tendit l'oreille. Quant aux voleurs, pris de panique, ils partirent en courant. Mais très vite, ils se dirent qu'ils avaient eu tort de prendre la fuite.

— Ce petit malin a simplement voulu plaisanter, dit l'un.

Rassérénés, ils revinrent sur leurs pas et, s'adressant à Tom Pouce, ils lui chuchotèrent à travers les barreaux :

— Maintenant, finie la plaisanterie. Fais-nous passer les choses.

Reprenant de plus belle, Tom Pouce leur répondit :

— D'accord, je vous fais tout passer par les barreaux. Tendez les mains !

La servante, restée à l'écoute, entendit clairement cette fois la voix. Sautant du lit, elle entra en trombe dans la grande pièce, ce qui provoqua la fuite des voleurs dont on aurait pu croire qu'ils étaient poursuivis par un vilain chasseur. Et comme elle était dans l'obscurité, elle alla chercher de la lumière. Mais dès qu'elle fut de retour, Tom Pouce s'éclipsa discrètement et partit se réfugier dans la grange. La bonne eut beau éclairer les moindres recoins, elle ne trouva évidemment rien, retourna se coucher et crut avoir simplement rêvé.

Dans la grange, Tom Pouce avait grimpé sur un tas de foin et s'était confortablement installé pour dormir. Il souhaitait se reposer et attendre la fin de la nuit avant de retourner chez ses parents. Il ignorait alors qu'il n'était pas encore au bout de ses mésaventures. Hélas oui, le monde est rempli d'imprévus et de tracasseries de toutes sortes !

Comme à l'accoutumée, la servante se leva dès l'aube pour nourrir le bétail. Elle alla donc en premier dans la grange chercher une brassée de foin. Or elle prit précisément celle dans laquelle Tom Pouce s'était aménagé un lit. Étant plongé dans un profond sommeil, le garçon ne se rendit compte de rien et ne se réveilla que lorsqu'il fut dans la bouche de la vache, laquelle venait de le happer avec du foin.

— Grand Dieu ! s'exclama-t-il alors. Comment se fait-il que je sois tombé dans le moulin à foulon[1] ?

Mais réalisant très vite où il se trouvait, son principal souci fut d'échapper aux mâchoires de la vache pour ne pas être transformé en bouillie. Par contre, il ne put éviter la glissade finale dans l'estomac de l'animal.

— Tiens ! Ils ont oublié de mettre des fenêtres à la chambrette, plaisanta-t-il. Quant à avoir sous la main de quoi s'éclairer, faut pas y penser.

En un mot, l'endroit lui déplut passablement. Mais

---

1. Le moulin à foulon est généralement constitué de deux cylindres superposés et fortement pressés l'un contre l'autre, entre lesquels on engage des tissus de laine ou de coton, pour leur donner un aspect plus moelleux.

le pire fut le foin qui continuait d'arriver par la porte, lui laissant de moins en moins de place. La peur finit par s'emparer de lui et il se mit à crier de toutes ses forces :

— Plus de foin ! Je vous en supplie, n'envoyez plus de foin !

La servante était en train de traire la vache. Quand elle entendit parler sans voir personne et réalisa que la voix était identique à celle qui l'avait réveillée en pleine nuit, elle eut un tel sursaut d'effroi qu'elle tomba de son tabouret et renversa le lait. Sitôt relevée, elle rentra en trombe à la maison en criant :

— Monsieur le curé ! Monsieur le curé ! La vache a parlé.

— Tu es folle ! répondit-il.

Il se rendit quand même à l'étable. Mais à peine entrait-il que Tom Pouce se remettait à hurler de plus belle :

— Plus de foin ! Je vous en supplie, n'envoyez plus de foin !

Persuadé qu'il s'agissait de l'esprit du Mal, le curé prit lui aussi ses jambes à son cou, puis ordonna d'abattre la vache.

La vache fut donc abattue et son estomac jeté sur le tas de fumier. Tom Pouce en profita pour essayer de se frayer un chemin vers la sortie. Mais au moment où il sortait la tête, survint un nouveau malheur. Un loup, qui passait par là, sauta sur l'estomac de la vache et l'avala d'un coup. Tom Pouce ne perdit pas pour autant courage. « Il est peut-être possible de discuter avec lui », songea-t-il. Et du ventre de l'animal, il cria :

— Cher loup, je sais où tu peux trouver de quoi te régaler.

— Où ça ? demanda le loup.

— Dans une maison que je connais. Pour y pénétrer, il faut que tu passes par un trou dans le mur qui déverse les eaux usées dans le caniveau. Il communique avec le cellier. Et là, il y a des gâteaux, du lard et des saucisses à volonté !

En fait, Tom Pouce lui faisait la description de la maison de ses parents.

Le loup ne se le fit pas dire deux fois. Arrivé devant la maison, il se glissa dans le trou d'évacuation d'eau et découvrit le cellier où il se goinfra tant et plus. Une fois la panse pleine, il voulut ressortir en empruntant le même chemin, mais son ventre s'était tellement arrondi qu'il lui fut impossible de passer. Tom Pouce, qui comptait là-dessus, se mit alors à faire un tintamarre épouvantable dans le ventre de l'animal, hurlant et tempêtant à qui mieux mieux.

— Calme-toi ! lui dit le loup. Tu vas alerter tout le monde.

— Tu viens de te régaler, répondit Tom Pouce. Je ne vois pas pourquoi ce ne serait pas mon tour de faire la fête.

Les hurlements reprirent de plus belle et réussirent enfin à réveiller les parents de Tom Pouce. Se précipitant dans le cellier, leur regard fut attiré par le trou d'évacuation d'eau. Quand ils aperçurent le loup, le père courut chercher une hache, et la mère une faux. De retour dans le cellier, l'homme dit à sa femme :

— Reste derrière moi. Si je ne tue pas ce glouton du premier coup, transperce-lui le corps avec la faux.

Entendant la voix de son père, Tom Pouce se mit alors à crier :

— Cher papa, je suis là ! Dans le ventre du loup !

— Dieu soit loué ! s'exclama le père, fou de joie. Notre cher enfant a su se tirer d'affaire.

Il avertit aussitôt sa femme de ne surtout pas intervenir avec la faux, au risque de blesser Tom Pouce. Puis, levant le bras, il asséna un coup de hache sur la tête du loup qui tomba raide mort. Il courut ensuite chercher un couteau et des ciseaux, éventra l'animal et libéra son fils.

— Ah, mon cher enfant ! soupira-t-il alors. Nous étions rongés d'inquiétude, ta mère et moi.

— Je n'en doute pas, répondit Tom Pouce. Mais si tu savais tout ce que j'ai vu du vaste monde depuis que je vous ai quittés ! Dieu soit loué, je peux de nouveau respirer l'air frais.

— Où donc as-tu été ?

— Ah, papa ! Dans un trou de souris, dans l'estomac d'une vache et, pour finir, dans le ventre d'un loup ! Mais maintenant, je ne bougerai plus jamais d'ici.

— Et plus jamais nous ne te vendrons. Même pour tout l'or du monde.

Pressant leur cher Tom Pouce contre leur cœur, les parents le couvrirent de baisers. Puis ils lui donnèrent à boire et à manger et lui firent faire de nouveaux vêtements, car les siens avaient particulièrement souffert au cours de ses diverses mésaventures.

LES TROIS CHEVEUX D'OR
DU DIABLE

Il était une fois une femme extrêmement pauvre qui mit au monde un petit garçon. Or l'enfant naquit coiffé[1], ce qui le prédestinait à avoir beaucoup de chance dans la vie. On lui prédit d'ailleurs qu'à quatorze ans, il épouserait la fille du roi.

Un jour, le roi vint à passer dans le village, sans que quiconque le reconnaisse. Alors qu'il s'informait des dernières nouvelles auprès des villageois, ils lui répondirent :

— Il y a quelque temps ici, un enfant est né coiffé. Ce qui signifie qu'il aura beaucoup de chance dans sa vie ! On lui a même prédit qu'à quatorze ans, il épouserait la fille du roi.

---

1. On dit de quelqu'un qui a beaucoup de chance dans sa vie qu'il est « né coiffé ».

Le roi étant un méchant homme, il fut très fâché par cette prophétie. Il décida donc d'aller voir les parents de l'enfant, prit un ton très aimable et leur dit :

— Braves gens, vous n'avez pas d'argent. Confiez-moi votre nouveau-né. Je prendrai soin de lui comme de mon propre fils.

Les parents commencèrent par refuser. Mais l'étranger leur proposa en échange une grosse somme d'or. Et surtout ils songèrent que leur fils, qui avait eu la chance d'être né coiffé, était promis à une heureuse destinée et qu'ils n'avaient pas le droit de s'y opposer. Ils finirent donc par accepter.

Le roi mit alors le garçonnet dans une boîte et l'emporta avec lui sur son cheval. Arrivé au bord d'une rivière profonde, il jeta la boîte dans l'eau. « Bon débarras ! songea-t-il, ravi. Je viens de rendre un grand service à ma fille en supprimant cet indésirable prétendant. »

Mais la boîte, plutôt que de couler, se mit à flotter à la surface de l'eau, tel un petit navire, sans même qu'une goutte d'eau n'y pénètre. Elle suivit le courant jusqu'à deux milles de la ville royale, puis fut retenue par l'écluse d'un moulin. Par un heureux hasard, un garçon meunier, qui se trouvait à proximité, la remarqua, se saisit aussitôt d'un crochet et la ramena sur la rive. Qui sait si la boîte ne contenait pas un fabuleux trésor ? Mais quelle ne fut pas sa surprise, lorsqu'il l'ouvrit, de découvrir à l'intérieur un adorable nouveau-né, frais et rose !

Le garçon meunier s'empressa de porter le nourrisson au moulin de ses maîtres. Et comme le meunier et sa femme n'avaient pas d'enfants, ils rendirent grâce à Dieu et l'accueillirent comme un don du ciel. Ils l'entourèrent de tous leurs soins et firent de leur mieux pour lui donner une bonne éducation.

Des années plus tard, surpris un jour par un orage, le roi vint à se réfugier chez le meunier et sa femme. Voyant à leurs côtés un garçon, il leur demanda :

— C'est votre fils ?

— Non, lui répondirent-ils. C'est un enfant trouvé. Il est arrivé, il y a quatorze ans, dans une boîte qui flottait sur la rivière. Heureusement qu'il a été retenu par l'écluse du moulin ! C'est notre garçon meunier qui l'a sorti de l'eau.

Le roi comprit évidemment que le jeune garçon n'était autre que le nouveau-né qu'il avait jeté à l'eau il y avait bien longtemps. Prenant alors le ton le plus naturel qui soit, il dit au meunier et à sa femme :

— Bonnes gens, ce garçon ne pourrait-il pas porter une lettre à la reine ? Pour sa peine, je lui offre ces deux pièces d'or.

— Comme Votre Majesté l'ordonne, répliquèrent les parents.

Et ils demandèrent à l'adolescent de se préparer à partir.

Pendant ce temps, le roi rédigea une lettre à la reine en ces termes : *Dès que ce garçon arrivera à la cour, j'exige qu'il soit tué et enterré, sans même que l'on attende mon retour.*

Le jeune garçon se mit en chemin avec la lettre. Or il s'égara et se retrouva dans une grande forêt, alors qu'il faisait déjà nuit noire. La chance lui sourit une nouvelle fois lorsqu'il aperçut au loin une faible lueur. Se dirigeant vers elle, il arriva devant une maisonnette. Quand il en franchit le seuil, il trouva une vieille femme seule, assise au coin du feu.

Lorsqu'elle découvrit la présence du jeune garçon, la femme eut un mouvement d'effroi. Elle lui demanda :

— D'où viens-tu et où vas-tu ?

— Je viens du moulin, répondit le garçon, et je vais porter une lettre à Sa Majesté la reine. Mais je me suis perdu en chemin et j'aimerais bien passer la nuit ici.

— Malheureux enfant ! répliqua la vieille femme. Tu es ici dans une maison de brigands. Quand ils vont rentrer, ils vont te tuer.

— Quoi qu'il arrive, je n'ai pas peur, répondit-il. Ce qui est sûr, c'est que je tombe de fatigue et que je suis incapable de faire un pas de plus.

Ce disant, il s'allongea sur un banc et s'endormit aussitôt.

Quelques instants plus tard, les brigands rentrèrent chez eux. Quand ils découvrirent le jeune étranger endormi sur le banc, ils se montrèrent furieux et demandèrent à la vieille femme qui il était.

— Ah ! répondit-elle. C'est un jeune innocent qui s'est perdu dans la forêt. Alors j'ai eu pitié de lui. Il doit porter une lettre à sa Majesté la reine.

Piqués par la curiosité, les brigands ouvrirent la lettre et lurent ce qui était écrit, à savoir que le jeune garçon devait être tué dès son arrivée à la cour. Ces hommes, qui pourtant avaient le cœur dur, furent eux aussi pris de pitié. Le chef de la bande décida de déchirer la lettre et de la remplacer par une autre, dans laquelle il écrivit : *Dès que ce garçon arrivera à la cour, qu'on célèbre ses noces avec ma fille.* Puis ils remirent la lettre à sa place et laissèrent dormir le jeune étranger jusqu'au lendemain matin. Quand celui-ci se réveilla, ils lui indiquèrent comment arriver à la cour.

Après avoir pris connaissance de la lettre, la reine s'exécuta et fit organiser une cérémonie somptueuse. C'est ainsi que fut célébré le mariage de la fille du roi et du jeune garçon né coiffé. Comme celui-ci était beau de sa personne et doté de surcroît d'un caractère agréable, la jeune reine vécut heureuse à ses côtés.

Quelque temps plus tard, le roi revint au château et comprit immédiatement que la prophétie s'était accomplie : ce garçon, dont on disait qu'il était prédestiné au bonheur, avait bel et bien épousé sa fille ! Il entra dans une rage folle.

— Comment est-ce possible ? s'exclama-t-il. Dans ma lettre, j'avais donné un ordre tout différent.

La reine lui tendit alors la lettre qui lui avait été remise, afin qu'il juge par lui-même ce qui y était écrit. Le roi la lut. Ce n'était pas la sienne. Elle avait été échangée par celle de quelqu'un d'autre. S'adressant au garçon, il lui demanda ce qu'il avait fait de la lettre qu'il lui avait confiée et pourquoi il en avait présenté une autre.

— Je ne comprends pas ce qui a pu se passer, répondit le garçon. Peut-être que l'échange s'est produit la nuit où j'ai dormi dans la forêt.

Redoublant de colère, le roi s'écria :

— Ne crois pas que tu vas t'en tirer comme ça. Qui souhaite épouser ma fille doit d'abord me rapporter trois cheveux d'or du diable. Si tel est ton cas, ma fille restera ta femme.

Le roi fut cette fois persuadé qu'il n'entendrait plus jamais parler de l'importun. Mais le jeune garçon lui rétorqua :

— J'irai vous chercher ces trois cheveux d'or. Je n'ai pas peur du diable.

Sur ce, il prit congé du roi et se lança dans l'aventure. Sa route le fit passer par une grande ville où la sentinelle, qui en gardait les portes, lui demanda quel genre de métier il exerçait et quelle était l'étendue de son savoir.

— Je sais tout sur tout, lui répondit le jeune homme.

— Tu peux donc nous rendre un grand service, dit la sentinelle. Sais-tu pourquoi notre fontaine, sur la place du marché, d'où habituellement coulait du vin, s'est tarie et ne donne même pas de l'eau ?

— Patientez jusqu'à mon retour ! Je vous le dirai quand je repasserai par là.

Et le jeune homme poursuivit son chemin.

Passant par une autre ville, de nouveau une sentinelle lui demanda quel genre de métier il exerçait et quelle était l'étendue de son savoir.

— Je sais tout sur tout, lui répondit le jeune homme.

— Tu peux donc nous rendre un grand service, dit la sentinelle. Sais-tu pourquoi un arbre de notre ville, qui habituellement donnait des pommes d'or, ne produit plus que des feuilles ?

— Patientez jusqu'à mon retour ! Je vous le dirai quand je repasserai par là.

Et le jeune homme poursuivit son chemin.

C'est alors qu'il arriva devant un grand fleuve qu'il lui fallait traverser. Le passeur lui demanda quel genre de métier il exerçait et quelle était l'étendue de son savoir.

— Je sais tout sur tout, lui répondit le jeune homme.

— Tu peux donc me rendre un grand service, dit le passeur. Sais-tu pourquoi je dois inlassablement naviguer d'une rive à l'autre sans jamais être relevé de ma tâche ?

— Patiente jusqu'à mon retour ! Je te le dirai quand je repasserai par là.

Lorsque le jeune homme fut de l'autre côté du fleuve, il trouva l'entrée de l'enfer et pénétra dans un lieu sombre et enfumé. Le diable n'était pas chez lui. Seule s'y trouvait sa gouvernante, confortablement assise dans un grand fauteuil.

— Que veux-tu ? lui demanda la femme, apparemment très gentille.

— Je voudrais trois cheveux d'or de la tête du diable, lui répondit le garçon. Sinon, je ne pourrai pas garder ma femme.

— Tu demandes beaucoup, rétorqua-t-elle. Et si le diable te trouve ici quand il rentrera, tu risques de passer un mauvais moment. Mais tu me fais de la peine. Je vais essayer de t'aider.

Après avoir transformé le jeune garçon en fourmi, elle lui dit :

— Glisse-toi maintenant dans les plis de ma jupe. Tu y seras en sécurité.

— Oui, dit le garçon. Mais ce n'est pas tout. Il y a aussi trois choses que j'aimerais savoir : pourquoi une fontaine, d'où habituellement coulait du vin, s'est tarie et ne donne même pas de l'eau ; pourquoi un arbre, qui habituellement donnait des pommes d'or, ne produit plus que des feuilles et pourquoi un passeur doit-il inlassablement naviguer d'une rive à l'autre sans jamais être relevé de sa tâche.

— Ce sont des questions difficiles, répondit la femme. Mais bon ! Je te demande une seule chose : ne bouge pas de là où tu es et fais très attention à ce que le diable va dire quand je lui arracherai trois de ses cheveux d'or.

Quand le soir tomba, le diable rentra chez lui. À peine eut-il franchi le pas de la porte qu'il remarqua dans l'air une odeur bizarre.

— Je sens... Je sens l'odeur de chair humaine, finit-il par dire. Ici, chez moi ? C'est un comble !

Il eut beau chercher, fouiller dans les moindres recoins, il ne trouva rien.

La gouvernante alors explosa.

— J'avais bien rangé et nettoyé, et voilà que tu me mets tout en désordre, espèce de renifleur de chair humaine ! Tu ferais mieux de t'asseoir et de prendre ton dîner.

Après avoir bien mangé et bien bu, le diable se sentit tout miel. Il s'assit au pied de sa gouvernante, posa la tête dans son giron et lui demanda de l'épouiller. Quelques instants plus tard, il dormait d'un profond sommeil, remplissant l'espace de sa respiration bruyante et de ses ronflements. La femme en profita pour lui arracher un cheveu d'or qu'elle déposa à côté d'elle.

— Aïe ! cria le diable en se réveillant. Qu'est-ce qui te prend ?

— Je viens de faire un tel cauchemar, dit la gouvernante, que je me suis agrippée à tes cheveux.

— Tiens donc ! répliqua le diable. Et tu as rêvé quoi ?

— J'ai rêvé que, dans une ville, la fontaine d'une

place de marché, d'où coulait habituellement du vin, s'est tarie et ne donne même pas de l'eau. J'aimerais bien en connaître la cause !

— Ha ! ha ! ricana le diable. S'ils savaient ! Dans la fontaine, il y a un crapaud assis sous une pierre. Il suffit de le tuer, et le vin se remettra à couler.

La gouvernante reprit son épouillage. Dès que le diable fut rendormi et se mit à ronfler à en faire trembler les vitres, elle lui arracha un deuxième cheveu.

— Ouille ! Qu'est-ce que tu fais ? hurla-t-il, furieux.

— Ne te fâche pas ! s'excusa-t-elle. Je l'ai fait en rêvant.

— Et tu as rêvé quoi, cette fois ?

— Que dans un royaume, un arbre, qui habituellement donnait des pommes d'or, ne produit plus que du feuillage. Et je me demandais pourquoi.

— Ha ! ha ! ricana de nouveau le diable. S'ils savaient ! Ce n'est qu'une souris qui ronge les racines. Il suffit de la tuer, et l'arbre recommencera à donner des pommes d'or. Par contre, si on laisse la souris en vie, c'est l'arbre tout entier qui finira par se dessécher. Et maintenant, ne m'embête plus avec tes cauchemars. Si tu t'avises encore une fois de me réveiller, tu auras droit à une gifle.

La gouvernante promit au diable de ne plus l'importuner et se remit à lui chercher des poux dans la tête. Mais dès qu'elle l'entendit ronfler, elle lui arracha un troisième cheveu. Se réveillant en sursaut, le diable, ivre de colère, voulut lui donner une bonne correction, mais la gouvernante réussit une nouvelle fois à le calmer en lui disant :

— Que peut-on faire contre les mauvais rêves ?

Poussé par la curiosité, le diable ne put s'empêcher de lui demander :

— Quel genre de mauvais rêve ?

— J'ai rêvé d'un passeur qui se plaignait de devoir inlassablement naviguer d'une rive à l'autre sans jamais être relevé de sa tâche. Il doit bien y avoir une explication, mais laquelle ?

— Quel idiot, celui-là ! s'esclaffa le diable. C'est si simple. Il suffit qu'il mette la perche entre les mains de quelqu'un qui lui demandera de lui faire traverser le fleuve. À partir de ce moment-là, l'autre ne pourra plus la lâcher, devra à son tour inlassablement naviguer, et lui sera libre.

Comme la gouvernante avait arraché les trois cheveux d'or et obtenu la réponse aux trois questions, elle laissa le vieux diable en paix, qui dormit jusqu'au lendemain matin. Dès qu'il quitta son domicile, elle rechercha la fourmi dans les plis de sa jupe et lui redonna sa forme humaine.

— Tiens, voilà les trois cheveux d'or, dit-elle alors au jeune garçon. Quant aux réponses du diable à tes trois questions, j'espère que tu les as écoutées avec attention.

— Oui, répondit-il. Je les ai parfaitement gravées dans ma mémoire.

— Puisque j'ai réussi à t'aider, dit la femme, il ne me reste plus qu'à te souhaiter bonne chance. Et maintenant, pars sans tarder.

Le garçon la remercia chaleureusement de tout ce qu'elle avait fait pour lui, puis il quitta l'enfer, heureux d'avoir obtenu tout ce qu'il voulait.

Quand il revit le passeur sur le chemin du retour, il lui dit :

— Mène-moi de l'autre côté du fleuve. Après, je te dirai comment tu peux être relevé de ta tâche.

Et dès qu'il eut posé le pied sur la rive opposée, il rapporta à l'homme le conseil entendu de la bouche du diable.

— Quand quelqu'un viendra te demander de le transporter de l'autre côté du fleuve, mets-lui simplement la perche entre les mains.

Dès qu'il arriva à la ville dont l'arbre ne donnait plus de fruits, conformément à sa promesse, il expliqua à la sentinelle ce qu'il avait appris du diable lui-même.

— Tuez la souris qui ronge ses racines, et l'arbre redonnera des pommes d'or.

La sentinelle se confondit en remerciements et, pour le récompenser, lui offrit deux ânes chargés de sacs remplis d'or.

Il arriva ensuite à la ville dont la fontaine s'était tarie et reprit, là encore, les propos du diable.

— Dans la fontaine, il y a un crapaud assis sous une pierre. Trouvez-le et tuez-le, et le vin se remettra à couler en abondance.

La sentinelle le remercia en lui offrant également deux ânes chargés de sacs remplis d'or.

Le jeune garçon arriva enfin chez sa femme qui se réjouit de le revoir et d'apprendre que tout s'était si bien déroulé pour lui. Puis, comme il s'y était engagé, il remit au roi les trois cheveux d'or. Ce fut seulement à la vue des quatre ânes chargés d'or que celui-ci manifesta son ravissement. Il lui dit alors :

— Puisque tu viens de remplir mes trois conditions, ma fille demeurera ta femme. Mais, cher gendre, d'où te vient une telle quantité d'or ? Cela représente un trésor inestimable.

— C'est très simple, répondit le garçon. J'ai traversé un fleuve et je n'ai eu qu'à le ramasser à pleines mains sur l'autre rive. Là-bas, l'or a remplacé le sable.

— Penses-tu que je puisse moi aussi aller en chercher ? demanda le roi, l'air envieux.

— Vous pourrez en prendre autant que vous voudrez. Quand vous arriverez au fleuve, vous verrez un passeur et vous lui demanderez de vous le faire traverser.

Poussé par la cupidité, le roi se mit en route en toute hâte, atteignit le bord du fleuve, puis héla le passeur pour qu'il le transporte de l'autre côté. Le passeur poussa sa barque jusqu'à lui et le pria de monter. Mais une fois arrivé sur la rive opposée, il lui remit la perche entre les mains et lui-même sauta à terre. À compter de ce jour, le roi fut condamné à pousser inlassablement la barque d'une rive à l'autre pour le punir de toutes ses méchancetés.

— Navigue-t-il toujours ?

— Oui, car depuis, plus personne ne lui a retiré la perche des mains.

BLANCHE-NEIGE

C'était le milieu de l'hiver et des flocons de neige voletaient dans le ciel, légers comme des plumes. Une reine était assise à sa fenêtre au cadre d'ébène et elle cousait. Levant un instant les yeux de son ouvrage pour regarder au-dehors, elle se piqua le doigt avec son aiguille et trois gouttes de sang tombèrent dans la neige. Elle trouva si belle cette tache rouge sur la neige blanche qu'elle songea en elle-même : « Ah, si l'enfant que je porte pouvait être aussi blanc que la neige, aussi rouge que le sang et aussi noir que ce bois d'ébène à ma fenêtre ! » Quelques mois plus tard, elle mit au monde une petite fille au teint blanc comme neige, aux joues rouges comme le sang et aux cheveux noirs comme l'ébène de la fenêtre, à qui fut donné le nom de Blanche-Neige. Hélas, la reine mourut à la naissance de l'enfant.

Un an plus tard, le roi se remaria. La nouvelle reine était une très belle femme, mais c'était un être fier et orgueilleux qui ne supportait pas d'être surpassé en beauté. Elle possédait un miroir magique. Chaque fois qu'elle s'y regardait, elle lui demandait :

« Miroir, joli miroir,
Qui est la plus belle en ce pays ? »

Et le miroir lui répondait :

« Majesté, vous êtes assurément la plus belle. »

Réponse qui la comblait, car le miroir disait toujours la vérité.

La petite Blanche-Neige grandissait en même temps qu'elle croissait en beauté. À l'âge de sept ans, elle était déjà belle comme le jour et bien plus belle que la reine. Et lorsque celle-ci demanda à son miroir :

« Miroir, joli miroir,
Qui est la plus belle en ce pays ? »

Il lui répondit :

« Majesté, vous êtes assurément très belle,
Mais Blanche-Neige est de loin la plus belle. »

À ces mots, la reine sursauta et son visage blêmit de jalousie. À compter de ce jour, son cœur se glaçait chaque fois qu'elle apercevait Blanche-Neige. Elle haïssait la fillette et l'orgueil, qui ne cessait de croître en elle, ne lui accordait plus le moindre repos ni le jour ni la nuit. Elle finit par faire venir un chasseur et lui dit :

— Je ne veux plus jamais avoir cette enfant sous les yeux. Emmène-la dans la forêt et tue-la. Surtout, n'oublie pas de me rapporter ses poumons et son foie en guise de preuve. Je veux être sûre qu'elle est bien morte.

Le chasseur obéit à la reine et partit avec Blanche-Neige dans la forêt. Il venait de retirer son couteau de chasse de son fourreau et s'apprêtait à transpercer le cœur de l'innocente fillette. Lorsque celle-ci fondit en larmes et, d'une voix suppliante, lui dit :

— Cher chasseur, laisse-moi en vie ! Je te promets de m'enfoncer dans cette forêt sauvage, et plus jamais on n'entendra parler de moi.

Blanche-Neige était si belle que le chasseur eut pitié d'elle.

— Eh bien, va, pauvre enfant ! lui dit-il.

Mais en lui-même, il songea avec tristesse : « Les bêtes sauvages ne vont pas tarder à la dévorer. » Il se sentit pourtant soulagé d'un grand poids : il n'aurait pas à la tuer. Sur le chemin du retour, il vit venir vers lui un jeune marcassin. Il l'abattit, préleva ses poumons et son foie et les rapporta à la reine. On demanda au cuisinier du château de les cuire et la méchante reine crut manger les poumons et le foie de Blanche-Neige.

Pendant ce temps, la fillette se retrouvait seule dans la forêt, se demandant que faire. En désespoir de cause, elle partit en courant droit devant elle, marchant sur des pierres tranchantes, se frayant un chemin à travers les buissons de ronces. Les bêtes sauvages, sur son passage, faisaient un bond de côté sans intention de lui nuire. Elle courut aussi loin que ses jambes purent la porter. À ce moment-là, la nuit tomba.

Apercevant une maisonnette, la fillette y entra pour se reposer. À l'intérieur, tout était de petite taille et d'une grande propreté. Sur une petite table drapée d'une nappe blanche étaient posées sept petites assiettes. À côté de chaque assiette, il y avait sept petits couteaux, sept petites fourchettes et sept petits gobelets. Et alignés le long du mur se trouvaient sept petits lits aux draps d'un blanc immaculé.

Blanche-Neige mourait de faim et de soif. Pourtant elle ne mangea dans chaque petite assiette qu'une petite quantité de légumes et de pain, et ne but dans chaque petit gobelet qu'une goutte de vin. Elle ne se sentait pas le droit de les vider. Puis, comme elle tombait de fatigue, elle souhaita aller se coucher. Mais le premier lit qu'elle essaya était trop petit, le second trop étroit. Les suivants n'étaient pas mieux. Heureusement, le septième lui convint. Alors elle s'y glissa, se recommanda à Dieu et s'endormit.

Il faisait déjà nuit noire quand les occupants de la maisonnette rentrèrent chez eux à la lumière de leurs lanternes. C'était sept nains qui, la journée, travaillaient dans la montagne pour extraire l'or et le diamant de la mine. Quand ils franchirent le pas de la porte, ils devinèrent aussitôt que quelqu'un s'était introduit chez eux. Rien n'était comme ils l'avaient laissé, lorsqu'ils étaient partis le matin.

Le premier dit :

— Qui s'est assis sur ma petite chaise ?

Le second :

— Qui a mangé dans mon assiette ?

Le troisième :

— Qui a entamé mon pain ?

Le quatrième :

— Qui a pris de mes légumes ?

Le cinquième :

— Qui s'est servi de ma petite fourchette ?

Le sixième :

— Qui a coupé avec mon petit couteau ?

Le septième :

— Qui a bu dans mon petit gobelet ?

Jetant un regard à la ronde, le premier remarqua que le drap de son lit était froissé et s'exclama :

— Qui donc s'est couché dans mon lit ?

Tous accoururent et s'exclamèrent à leur tour :

— On s'est aussi couché dans le mien !

Mais quand le septième regarda son lit et vit Blanche-Neige, profondément endormie, il cria plus fort encore. Intrigués, les autres se ruèrent vers lui, éclairèrent le lit de leurs lanternes et, d'un coup, déversèrent un concert de louanges.

— Mon Dieu ! Oh, mon Dieu ! Que cette enfant est belle ! s'exclamaient-ils.

Ils étaient si heureux qu'ils ne cherchèrent pas à la réveiller. Par contre, le septième nain dut demander l'hospitalité à ses amis et changer de lit toutes les heures de la nuit.

À son réveil, le lendemain matin, Blanche-Neige fut saisie d'effroi quand elle vit les sept nains. Mais ils s'empressèrent de la rassurer et lui demandèrent :

— Comment t'appelles-tu ?

— Blanche-Neige, répondit-elle.

— Comment es-tu arrivée jusqu'ici ?

Alors elle leur raconta que sa belle-mère avait voulu la faire disparaître, que le chasseur chargé de la tuer lui avait laissé la vie sauve, qu'elle avait ensuite couru toute la journée dans la forêt jusqu'au moment où elle était tombée sur leur maisonnette.

— Voilà ce que nous te proposons, lui dirent les nains. Si tu veux bien t'occuper de la maison, cuisiner, faire les lits et le ménage, laver, coudre et tricoter, tu peux rester chez nous et tu ne manqueras jamais de rien.

— Que c'est gentil ! s'exclama-t-elle. J'accepte de tout cœur.

C'est ainsi que Blanche-Neige resta chez les nains. Le matin, ils partaient travailler à la mine et, à leur retour le soir, ils retrouvaient une maison propre et bien rangée, et un bon repas les attendait. La journée, Blanche-Neige était donc seule chez eux. Raison pour laquelle ils lui avaient dit :

— Fais attention. Ta belle-mère ne tardera pas à savoir que tu vis ici. Alors surtout, n'ouvre à personne.

Depuis que la reine avait cru manger les poumons et le foie de Blanche-Neige, elle était persuadée d'être à nouveau la plus belle des femmes, jusqu'au jour où elle eut l'idée de demander à son miroir :

« Miroir, joli miroir,
Qui est la plus belle en ce pays ? »

Le miroir, ce jour-là, lui répondit :

« Majesté, vous êtes assurément très belle.
Mais Blanche-Neige, chez les sept nains,
Par-delà les sept montagnes,
Est de loin la plus belle. »

Comme le miroir ne savait pas mentir, elle comprit que le chasseur l'avait bernée en laissant la vie sauve à Blanche-Neige, et elle entra dans une rage folle. Pendant des jours et des jours, elle rumina sa colère, se demandant comment se débarrasser de la fillette, car tant qu'elle ne serait pas la plus belle du pays, sa jalousie ne lui accorderait aucun répit. Elle finit par trouver un stratagème. Elle se déguisa en une vieille marchande, grima son visage pour le rendre méconnaissable, puis franchit les sept montagnes et arriva chez les sept nains. À leur porte, elle cria :

— De jolis colifichets pas chers ! Achetez mes jolis colifichets !

Blanche-Neige se pencha à la fenêtre et lui dit :

— Bonjour, madame ! Qu'avez-vous de beau à vendre ?

— Toutes sortes de choses, répondit-elle. En particulier des rubans pour nouer ton petit corselet.

De son cabas, la vieille marchande en sortit un superbe : il était en fils de soie multicolores.

Blanche-Neige pensa n'avoir aucune raison de se méfier de cette femme qui lui semblait honnête. Elle tira le verrou de la porte et lui acheta le superbe ruban.

— Il te va vraiment bien, mon enfant ! s'extasia la vieille. Approche-toi que je le lace correctement.

Toujours aussi confiante, Blanche-Neige se laissa faire. Mais la femme en profita pour serrer tant qu'elle put le ruban, empêchant ainsi la fillette de respirer. La malheureuse s'effondra comme morte sur le plancher.

— Désormais on ne parlera plus de ta grande beauté qu'au passé ! jubila la méchante reine.

Et elle s'empressa de regagner son château.

À l'heure du dîner, les sept nains rentrèrent chez eux, comme à l'accoutumée. Quel ne fut pas leur effroi de voir leur chère Blanche-Neige étendue comme une morte sur le sol. Voulant la soulever, ils remarquèrent que le ruban de son corselet avait été lacé trop serré. En toute hâte, ils le coupèrent et, sitôt après, la fillette retrouva peu à peu sa respiration. Elle était sauvée ! Quand elle raconta à ses petits amis ce qui s'était passé, ils s'exclamèrent :

— La vieille marchande n'était nulle autre que la méchante reine ! Nous t'en conjurons, ne laisse plus jamais entrer quiconque en notre absence.

De retour chez elle, la reine fut impatiente d'interroger son miroir.

« Miroir, joli miroir,
Qui est la plus belle en ce pays ? »

lui demanda-t-elle aussitôt.
Le miroir lui répondit :

« Majesté, vous êtes assurément très belle,
Mais Blanche-Neige, chez les sept nains,
Par-delà les sept montagnes,
Est de loin la plus belle. »

À ces mots, le sang de la reine ne fit qu'un tour. C'était incroyable. Blanche-Neige était toujours en vie !

— Tu vas voir, marmonna-t-elle alors entre ses dents. Cette fois, j'ai un moyen infaillible pour te faire disparaître.

Experte en sorcellerie, elle confectionna un peigne empoisonné, puis se déguisa sous les traits d'une autre vieille femme. Elle franchit ensuite les sept montagnes, arriva chez les sept nains et frappa à leur porte en criant :

— De jolis colifichets pas chers ! Achetez mes jolis colifichets !

Blanche-Neige se pencha à la fenêtre et cria à la vieille :

— Passez votre chemin. Je ne dois faire rentrer personne.

— Tu as au moins le droit de regarder, répliqua la vieille, en sortant de son cabas le peigne empoisonné et en le lui montrant.

Séduite par le bel objet, Blanche-Neige se laissa convaincre, ouvrit la porte et l'acheta. La vieille lui proposa alors de la peigner. La pauvre enfant n'y vit aucune malice et accepta. Mais à peine le peigne passa-t-il dans ses cheveux que le poison agit et qu'elle tomba à terre inanimée.

— Ha ha ! s'esclaffa alors l'ignoble reine. On n'entendra plus jamais parler de toi ni de ta grande beauté !

Et elle reprit le chemin de son château.

Heureusement, c'était l'heure à laquelle les sept nains quittaient la mine. Quand ils virent Blanche-

Neige gisant à terre, leur soupçon se porta aussitôt sur la belle-mère. Cherchant ce que cette dernière avait encore imaginé, ils trouvèrent le peigne empoisonné. Dès qu'ils l'eurent retiré, Blanche-Neige revint à elle et leur raconta ce qui s'était passé. Une nouvelle fois, ils la mirent en garde et lui interdirent d'ouvrir la porte en leur absence.

À plusieurs lieues de là, la reine se précipitait déjà sur son miroir pour lui demander :

« Miroir, joli miroir,
Qui est la plus belle en ce pays ? »

Le miroir lui répondit :

« Majesté, vous êtes assurément très belle,
Mais Blanche-Neige, chez les sept nains,
Par-delà les sept montagnes,
Est de loin la plus belle. »

À ces mots, la reine hurla de colère :
— Blanche-Neige doit mourir ! Dussé-je le payer de ma propre vie !
Sur ce, elle s'enferma dans une pièce tenue secrète du château, où personne d'autre qu'elle ne pénétrait et prépara un poison extrêmement fort. Puis elle prit une pomme blanche et plongea une moitié dans la redoutable mixture. Celle-ci se colora d'un rouge irré-

sistible qui donnait envie de croquer dedans. Mais quiconque en mangeait, ne serait-ce qu'une bouchée, mourait sur-le-champ.

Ayant achevé ses préparatifs, la méchante reine se grima le visage et se déguisa en vieille paysanne. Puis elle franchit les sept montagnes, arriva chez les sept nains et frappa à leur porte. Blanche-Neige se pencha à la fenêtre et répondit :

— Excusez-moi, mais je ne dois laisser entrer personne ; les sept nains me l'ont interdit.

— Ça ne fait rien, répliqua la paysanne. J'avais seulement l'intention de me débarrasser de mes pommes. Tiens, je t'en offre une.

— Non, répondit Blanche-Neige. Je ne dois rien accepter.

— Aurais-tu peur de t'empoisonner ? ironisa la vieille. Regarde ! Je partage la pomme en deux. Mange la moitié rouge ; moi, je mangerai la blanche.

Blanche-Neige observa la belle pomme avec méfiance. Mais quand elle vit la paysanne la croquer, elle ne résista pas à l'envie d'en faire autant. Elle tendit la main et prit la moitié empoisonnée. À la première bouchée, elle s'effondra sans vie sur le sol.

Voyant le corps inerte de Blanche-Neige, la reine éclata d'un rire mauvais.

— Ha ha ! s'esclaffa-t-elle. Blanche comme neige, rouge comme le sang et noire comme l'ébène, les nains auront beau faire, ils ne pourront plus te ramener à la vie.

Et dès son retour au château, elle interrogea son miroir :

« Miroir, joli miroir,
Qui est la plus belle en ce pays ? »

À sa plus grande joie, le miroir répondit enfin :

« Majesté, vous êtes assurément la plus belle. »

Son cœur dévoré par la jalousie était désormais en paix. Disons, autant qu'un cœur dévoré par la jalousie puisse trouver la paix !

Entre-temps, les nains avaient repris le chemin de leur maisonnette. Quand ils découvrirent Blanche-Neige étendue sur le sol et ne respirant plus, ils envisagèrent le pire. Ils la soulevèrent pourtant, avec l'espoir de trouver ce qui aurait pu l'empoisonner. Ils dénouèrent les rubans, peignèrent ses cheveux, les lavèrent à l'eau et au vin. Hélas, ils ne virent rien. La chère enfant était bel et bien morte. Alors ils la déposèrent sur une civière, puis s'assirent tous les sept auprès d'elle et versèrent trois jours durant des torrents de larmes. Après quoi, ils durent se résigner à l'enterrer. Mais comment se résoudre à l'ensevelir dans une terre aussi noirâtre alors que ses belles joues roses avaient encore l'éclat de la vie ? Ils préférèrent faire fabriquer un cercueil de cristal qui leur permettrait de la voir, y inscrivirent son nom en lettres d'or, en ajoutant qu'elle était fille de roi, puis ils l'y allongèrent. Ils allèrent ensuite déposer le cercueil au sommet de la montagne et décidèrent de veiller jour et nuit sur elle, chacun à leur tour. Tous les animaux accoururent et pleurèrent la jeune princesse. Le premier fut une chouette, puis vint un corbeau, puis une colombe...

Beaucoup de temps s'écoula sans que jamais le corps de Blanche-Neige dans le cercueil ne s'abîme. On avait au contraire l'impression qu'elle dormait, car elle était toujours aussi blanche que la neige, aussi rouge que le sang et aussi noire que l'ébène.

Un soir, un beau cavalier s'étant égaré dans la forêt se dirigea vers la maisonnette des nains. Il était fils de roi et souhaitait demander l'hospitalité pour la nuit. C'est alors qu'il remarqua sur la montagne le cercueil de cristal et ses inscriptions en lettres d'or, ainsi que la belle jeune fille couchée à l'intérieur. Aussitôt, il dit aux nains :

— Donnez-moi ce cercueil. Je vous offre en retour tout ce que vous voulez.

— Nous ne vous le donnerions pas pour tout l'or du monde, répondirent les nains.

Le jeune prince insista :

— Accédez, je vous prie, à ma requête. Je perdrai à tout jamais le goût de vivre si je ne vois plus

Blanche-Neige. Je vous promets de l'honorer et de la respecter comme ce que j'ai de plus cher.

Émus par ces paroles, les nains eurent pitié de lui et consentirent.

Le jeune homme demanda alors à ses serviteurs de prendre le cercueil sur leurs épaules et de le transporter chez lui. Mais, au cours de la marche, les hommes trébuchèrent sur une souche qui ébranla le cercueil. Et voilà que la secousse provoqua le renvoi du morceau de pomme empoisonné, resté dans la gorge de Blanche-Neige ! Au même instant, la belle princesse ouvrit les yeux, souleva le couvercle de verre et se redressa, étonnée.

— Mon Dieu ! Où suis-je ? s'écria-t-elle.

Rayonnant de bonheur, le fils de roi lui répondit :

— N'aie pas peur. Tu es en sécurité avec moi.

Puis il lui raconta ce qui s'était passé. Il ajouta :

— Je t'aime plus que tout au monde. Viens avec moi dans le château de mon père. Je veux que tu sois ma femme.

Blanche-neige accepta avec joie.

On organisa les noces à grand faste. Même la belle-mère de Blanche-Neige fut invitée. Alors qu'elle était déjà vêtue de ses plus beaux atours et s'apprêtait à partir, elle se mit devant son miroir et lui demanda :

« Miroir, joli miroir,
Qui est la plus belle en ce pays ? »

Le miroir lui répondit :

« Majesté, vous êtes assurément très belle,
Mais la jeune mariée est de loin la plus belle. »

À ces mots, la méchante femme proféra un juron.
S'en suivit une terrible angoisse qu'elle chercha déses-
pérément à surmonter. Sa première réaction fut de ne
pas se rendre à la noce. Mais le doute la rongeait trop
cruellement. Elle devait voir qui était cette jeune et
belle épouse. Lorsque, pénétrant dans la salle du château, elle reconnut Blanche-Neige, elle resta figée sur
place, incapable du moindre mouvement. Ce qu'elle
ignorait, c'est que des pantoufles en fer étaient déjà
chauffées à blanc sur des charbons ardents. Retirées
du feu avec des tenailles, elles furent déposées devant
elle et la reine fut sommée de les chausser. Sous l'effet
de la douleur, elle sauta tant et tant d'un pied sur
l'autre qu'elle finit par en mourir.

HÄNSEL ET GRETEL

À l'orée d'une grande forêt vivait un pauvre bûcheron avec sa femme et ses deux enfants : le jeune garçon s'appelait Hänsel, la fillette Gretel. L'homme gagnait à peine de quoi faire vivre sa famille et, quand la famine s'abattit sur le pays, même le pain dont ils se nourrissaient chaque jour vint à manquer.

Un soir, alors qu'il était couché, il ne réussit pas à trouver le sommeil. Trop de sombres pensées hantaient son esprit. Poussant un long soupir découragé, il dit à sa femme :

— Qu'allons-nous devenir ? Comment nourrir nos pauvres enfants, alors que nous-mêmes n'avons plus rien à manger ?

— Tu sais quoi ? répondit-elle. Demain, au lever du jour, nous les mènerons dans la forêt, là où elle est la plus profonde. Nous leur ferons un feu et donnerons à chacun un petit morceau de pain. Puis nous repartirons sans eux, en leur disant que nous allons travailler. Comme ils ne sauront pas retrouver le chemin de la maison, nous en serons débarrassés.

— Non, femme ! s'écria le bûcheron, c'est impossible. Comment pourrais-je me résoudre à laisser seuls les enfants dans la forêt ? Les bêtes sauvages ne tarderaient pas à venir les dévorer.

— Grand fou ! rétorqua-t-elle. Tu préfères que nous soyons quatre à mourir de faim ? Tu peux déjà te mettre à raboter les planches pour les cercueils.

Elle le harcela tant et tant qu'il finit par céder.

— Pourtant, il n'empêche, ajouta-t-il. J'ai le cœur gros en pensant à mes pauvres enfants.

Ce soir-là, les enfants étaient si affamés qu'eux aussi n'arrivaient pas à s'endormir et ils entendirent la conversation entre leur père et leur impitoyable belle-mère.

Gretel fondit en larmes.

— Nous n'avons plus aucune chance, dit-elle à son frère.

— Ne t'inquiète pas, petite sœur, dit Hänsel. Je vais trouver une solution.

Dès que les parents furent endormis, il se leva, enfila sa veste, ouvrit la chatière et se glissa au-dehors. La nuit était claire et la lune faisait briller les petits cailloux blancs devant la maison comme des piécettes d'argent. Cela lui donna une idée. Il ramassa tout ce qu'il put de petits cailloux, en bourra les poches de sa veste, puis rentra à la maison. Il dit alors à Gretel :

— Tu n'as plus de soucis à te faire, petite sœur chérie. Dors tranquille. Dieu ne nous abandonnera pas.

Il se remit au lit.

Le lendemain matin, peu après le lever du soleil, la femme vint réveiller les enfants.

— Debout, paresseux ! Nous allons ramasser du bois dans la forêt.

Elle donna à chacun un petit morceau de pain, mais précisa :

— C'est pour votre déjeuner. Si vous le mangez avant, vous n'aurez plus rien.

Comme Hänsel avait les poches pleines, Gretel fourra les deux morceaux de pain dans son tablier.

Après quoi, ils prirent tous le chemin de la forêt.

À intervalles réguliers, Hänsel s'arrêtait et regardait derrière lui en direction de la maison. Son père finit par lui demander :

— Hänsel, pourquoi traînes-tu sans arrêt ? Qu'est-ce qui t'intéresse tant que cela derrière toi ? Tu vas finir par oublier que tu as des jambes !

— Oh, père, je regarde mon chat blanc, perché sur le toit, qui me fait des signes d'au revoir.

— Gros bêta ! s'esclaffa la femme. Ce que tu vois, ce n'est pas ton chat, mais le reflet du soleil levant sur la cheminée.

Hänsel le savait, bien entendu. La vraie raison était

qu'il se retournait pour jeter régulièrement des petits cailloux blancs sur son chemin.

Lorsqu'ils furent arrivés dans une clairière au milieu de la forêt, le père dit à ses enfants :

— Allez ramasser du bois pour que je vous fasse du feu. Je ne veux pas que vous ayez froid.

Hänsel et Gretel montèrent au sommet d'une petite colline et en revinrent avec d'énormes brassées de bois mort. Dès que les flammes commencèrent à danser, la femme dit aux enfants :

— Allongez-vous près du feu et reposez-vous. Pendant ce temps, votre père et moi, nous allons abattre des arbres dans la forêt. Une fois la besogne achevée, nous reviendrons vous chercher.

Hänsel et Gretel ne quittèrent pas le feu et, quand vint midi, chacun mangea son morceau de pain, sans se soucier de rien. Toute la matinée, ils avaient entendu des bruits de hache et avaient pensé que leur père travaillait non loin de là. En réalité, il ne s'agissait pas d'une hache, mais d'une branche que ce dernier avait attachée à un arbre mort et qui battait sous le souffle du vent.

Cela faisait des heures que les enfants étaient assis. Bientôt leurs yeux se fermèrent de fatigue et ils tombèrent dans un profond sommeil. Quand ils se réveillèrent, il faisait déjà nuit noire. Gretel se mit à sangloter.

— Comment allons-nous sortir de cette forêt ? demanda-t-elle.

— Ne t'inquiète pas, la rassura Hänsel. Attendons que la lune se lève, et nous retrouverons sans peine notre chemin.

En effet, quand vint la pleine lune, Hänsel prit sa petite sœur par la main et ils suivirent les petits cailloux blancs, étincelants comme des sous neufs, qui leur montraient le chemin. Ils marchèrent ainsi toute la nuit et n'arrivèrent chez eux qu'aux premières heures de l'aube. Ils frappèrent alors à la porte. Quand la femme ouvrit et les reconnut, elle se fâcha :

— Méchants enfants, qu'est-ce qui vous a pris de dormir dans la forêt ? Nous avons pensé que vous ne vouliez plus rentrer.

Mais le père rayonnait de joie. Il ne se pardonnait pas de les avoir abandonnés dans la forêt.

Le temps passa. Puis une nuit, alors que la famine sévissait une nouvelle fois aux quatre coins du pays, les enfants entendirent la femme dire à leur père :

— Nous n'avons de nouveau quasiment plus rien à nous mettre sous la dent. Quand nous aurons mangé la seconde moitié de la miche de pain, plus question d'espérer quoi que ce soit d'autre. Nous devons absolument nous débarrasser des enfants. Cette fois, nous irons bien plus loin dans la forêt. Ainsi, nous serons sûrs qu'ils ne retrouveront pas leur chemin. Il n'y a pas d'autre solution.

À cette pensée, le père sentit son cœur se briser. Il avança :

— Tu pourrais peut-être partager le reste de pain avec les enfants ?

Mais quoi qu'il pût dire, la femme ne voulut rien entendre et l'accabla d'un concert de reproches. Qui a dit A doit dire B, et comme l'homme avait cédé la première fois, il dut de nouveau se soumettre à sa volonté.

Cette nuit-là, les enfants eurent encore la chance d'avoir tout entendu. Hänsel attendit alors que son père et sa belle-mère s'endorment, puis il sauta du lit pour aller à nouveau ramasser les petits cailloux blancs. Malheureusement, la femme avait verrouillé la porte du dehors.

— Ne t'en fais pas, Gretel, dit-il à sa petite sœur au bord des larmes. Et dors sans crainte. Le Bon Dieu ne nous laissera pas tomber.

Le lendemain matin, à la première heure, la femme secoua les enfants pour les faire sortir du lit. Elle remit à chacun un morceau de pain, encore plus petit que la fois précédente. Puis ils partirent les uns et les autres en direction de la forêt.

Tout en marchant, Hänsel émiettait le pain dans sa poche, s'arrêtait brièvement et jetait derrière lui les minuscules boulettes sur le chemin.

— Hänsel, demanda son père, que fais-tu à t'arrêter et à te retourner sans cesse ? Ne traîne pas comme cela.

— Père, je regarde ma colombe perchée sur le toit qui me fait des signes d'au revoir.

— Gros bêta ! s'esclaffa la mère. Ce que tu vois, ce n'est pas ta colombe, mais le reflet du soleil levant sur la cheminée.

Mais Hänsel continua de jeter les miettes de pain tout le long du chemin.

Comme prévu, la femme entraîna les enfants dans la forêt beaucoup plus loin que la première fois, là où elle-même n'était encore jamais allée. Elle demanda au père de refaire un grand feu, puis elle dit à Hänsel et Gretel :

— Asseyez-vous à côté ! Et si vous êtes fatigués, vous pouvez dormir un peu. Votre père et moi allons couper des arbres et, dans la soirée, quand nous aurons terminé, nous reviendrons vous chercher.

Quand vint midi, Gretel partagea son morceau de pain avec son frère, qui avait émietté le sien pour marquer le chemin. Puis ils s'endormirent. Le soir arriva. Personne ne vint. Quand ils se réveillèrent, la nuit était profonde. Hänsel rassura sa petite sœur en lui disant :

— Attends, Gretel, que la lune se lève. Elle éclairera alors les miettes de pain que j'ai semées de la maison jusqu'ici. Elles nous guideront pour notre retour.

Dès que la lune se montra, ils se mirent en marche. Hélas, ils ne virent plus aucune miette. Les milliers d'oiseaux qui peuplent la forêt et les champs alentour les avaient picorées.

— Nous retrouverons quand même notre route, dit Hänsel à Gretel.

Mais ils errèrent toute la nuit et toute la journée du lendemain sans jamais pouvoir sortir de la forêt. La faim les tenaillait, car ils avaient dû se contenter des quelques baies cueillies ici ou là et leurs jambes ne les portaient plus, tant ils étaient fatigués. Ils finirent par s'allonger sous un arbre, et ils s'endormirent.

À l'aube du troisième jour, ils se remirent en marche. Mais leurs pas les conduisaient toujours plus profondément dans la forêt. Si rien ne se passait, ils allaient mourir.

C'est alors que, vers midi, ils aperçurent un bel oiseau, blanc comme neige, perché sur une branche. Il chantait si joliment qu'ils s'arrêtèrent pour l'écouter. Quand il eut fini de chanter, il déploya ses ailes et vola devant eux. Les enfants le suivirent et tombèrent sur une maisonnette : l'oiseau s'était perché sur le faîte du toit. En s'approchant, ils virent que les murs étaient faits de pain, le toit de biscuit et les fenêtres de sucre glace.

— Gretel, s'exclama le garçon, ce festin nous tombe du ciel ! Nous allons pouvoir manger à volonté. J'ai envie de goûter à la toiture. Toi, je te conseille la fenêtre. C'est sûrement délicieux.

Grimpé sur le toit, Hänsel venait d'en briser un morceau et le savourait avec gourmandise ; collée aux carreaux, Gretel s'était mise à les lécher, quand une voix douce, venue de l'intérieur, se fit entendre.

— Qui croque et lèche ma maison ? dit la voix.

Et les enfants répondirent :

— C'est le vent, le vent.

Et ils poursuivirent leur repas, sans s'inquiéter davantage. Trouvant le toit à son goût, Hänsel en détacha un plus gros morceau et Gretel arracha un carreau entier, puis s'assit par terre pour être plus à l'aise. C'est alors que la porte s'ouvrit sans bruit et qu'une femme d'un âge ancien, appuyée sur une canne, sortit de la maisonnette. À sa vue, les enfants furent saisis d'un tel effroi qu'ils lâchèrent ce qu'ils avaient dans les mains. Mais la femme, dodelinant de la tête, s'exclama gentiment :

— Oh, chers enfants, qui donc a conduit vos pas jusqu'ici ? Venez vous installer chez moi. Vous y serez bien.

Les prenant tous les deux par la main, elle les fit entrer et leur servit un excellent repas composé de lait et de gaufres, de pommes et de noix. Après quoi, elle leur prépara deux petits lits aux draps blancs, pour qu'ils puissent dormir. Hänsel et Gretel songèrent alors qu'ils étaient les enfants les plus heureux du monde.

Mais la gentillesse de la vieille femme n'était qu'apparente. En réalité, c'était une méchante sorcière qui épiait tous les enfants et avait construit sa maisonnette avec du pain, du biscuit et du sucre glace à seule fin de les attirer. Quand l'un d'eux tombait en son pouvoir, elle le tuait, le faisait cuire et le mangeait. C'était pour elle, ce jour-là, un véritable festin.

Les sorcières ont les yeux rouges et n'ont pas une bonne vue, mais elles ont un odorat aussi développé que celui des animaux et elles sentent immédiatement la présence des humains qui s'approchent de chez elles. Lorsque Hänsel et Gretel avaient été à la portée de la vieille, celle-ci était partie d'un grand rire sarcastique et s'était exclamée :

— Ha ha ! Ces deux-là, je les tiens. Ils ne m'échapperont pas.

Le lendemain matin, la méchante femme fut sur pied dès la première heure. Les enfants dormaient encore paisiblement. Avec leurs bonnes joues roses, ils avaient quelque chose d'attendrissant. Se penchant sur eux, elle murmura :

— Hum ! Je crois que je vais me régaler.

Et, de sa main rêche et décharnée, elle empoigna prestement Hänsel et l'emporta dans une petite étable, que fermait une porte à barreaux de fer. Le malheureux eut beau hurler, ce fut peine perdue. La sorcière était déjà rentrée chez elle pour secouer Gretel et la faire sortir du lit. D'un ton sec, elle lui dit :

— Lève-toi, paresseuse, et va chercher de l'eau au puits. Après quoi, tu vas préparer quelque chose de bon à ton frère que tu lui emporteras à l'étable, où je l'ai enfermé. Je veux qu'il engraisse. Quand il aura pris assez de poids, je le mangerai.

À ces mots, Gretel fondit en larmes. Mais à quoi bon pleurer ? Bon gré mal gré, il lui fallut obéir à l'abominable sorcière.

Les jours passèrent. Hänsel avait droit aux mets les plus délicats, tandis que Gretel devait se contenter de carcasses de crabe. La vieille n'avait de cesse de savoir si le jeune garçon engraissait et, chaque matin, devant la porte à barreaux de l'étable, elle lui disait :

— Hänsel, tends tes doigts, que je sache si tu es enfin bon à manger.

Mais ce qu'il lui tendait n'était qu'un os de poulet. En raison de sa mauvaise vue, la vieille était persuadée qu'il s'agissait de ses doigts et ne comprenait pas qu'ils restent aussi maigres qu'avant. Au bout de quatre semaines, n'ayant toujours pas remarqué le moindre changement, elle perdit patience et appela la fillette :

— Holà, Gretel ! Dépêche-toi d'aller chercher de l'eau. Gras ou maigre, ton frère passe demain à la casserole.

Pauvre sœurette, que de cris de désespoir elle poussa ! Que de larmes elle versa, en allant puiser l'eau !

— Dieu qui est bon, gémissait-elle, qu'attends-tu pour nous aider ? Ah, si seulement les bêtes sauvages nous avaient dévorés dans la forêt ! Au moins serions-nous morts ensemble.

— Épargne-moi ces braillements qui m'écorchent les oreilles, dit la vieille. Ils ne changeront rien à la chose.

Le lendemain matin, Gretel dut aller dans la cour allumer un feu, puis suspendre au-dessus un grand chaudron.

— On va commencer par cuire le pain, dit la sorcière. J'ai déjà fait chauffer le four et pétri la pâte.

Traînant la malheureuse jusqu'au four d'où jaillissaient déjà des flammes, elle lui demanda :

— Glisse-toi dedans et vois s'il est assez chaud pour y enfourner le pain.

La vieille voulait profiter de l'instant où Gretel aurait été à l'intérieur pour refermer la porte du four, rôtir la fillette et en faire son repas. Mais celle-ci, devinant ses intentions, lui répondit :

— Heu ! C'est que je ne sais pas comment m'y prendre.

— Grande bécasse ! s'emporta la vieille. L'ouverture est pourtant suffisamment grande. Regarde ! Moi-même, je pourrais passer.

Joignant le geste à la parole, elle se hissa jusqu'à la porte du four et engagea la tête. Gretel ne fit alors ni une, ni deux. D'une forte poussée, elle projeta la sorcière au fond, referma la porte métallique et mit le verrou. À qui aurait pu les entendre, les hurlements de la vieille auraient donné la chair de poule. Mais Gretel était déjà loin, et l'abominable sorcière périt carbonisée.

Sans plus attendre, la fillette fila jusqu'à l'étable libérer son frère.

— Hänsel, cria-t-elle en tirant le verrou de la porte à barreaux, nous sommes sauvés ! La sorcière est morte.

Le jeune garçon bondit de sa prison tel l'oiseau dont on vient d'ouvrir la cage. Transportés de joie, le frère et la soeur tombèrent dans les bras l'un de l'autre, se mirent à danser, à se couvrir de baisers. Et comme ils n'avaient plus rien à redouter, ils retournèrent dans la maison de la sorcière. C'est alors qu'ils tombèrent sur une quantité de caisses. Il y en avait partout. Toutes débordaient de perles et de pierres précieuses.

— C'est quand même mieux que des petits cailloux ! dit Hänsel, en s'en bourrant les poches.

— Je vais en rapporter moi aussi à la maison, dit Gretel.

Et elle en remplit son tablier.

— Maintenant, il faut partir, quitter au plus vite cette forêt ensorcelée, dit le jeune garçon.

Après quelques heures de marche, ils arrivèrent au bord d'une grande rivière.

— Comment allons-nous la traverser ? s'interrogea Hänsel. Je ne vois ni passerelle, ni pont.

— Ni même la moindre barque, fit remarquer Gretel. Par contre, j'aperçois un canard blanc. Je suis sûre qu'il nous fera passer sur l'autre rive, si je lui en fais la demande.

Elle cria au canard :

« Caneton, joli caneton,
De l'autre côté de la rivière nous voulons y passer.
Nous sommes Gretel et Hänsel
Et sans pont ni passerelle,
Nous ne pouvons y arriver.
Transporte-nous sur ton dos blanc. »

Le joli canard blanc vint se poser à côté d'eux. Hänsel, le premier, s'installa à califourchon sur son dos, puis demanda à sa sœur de le rejoindre.

— Non, répondit Gretel. À deux, nous serions trop lourds pour lui. Qu'il nous dépose sur l'autre rive chacun notre tour.

C'est ce que fit le gentil canard. Une fois de l'autre côté de la rivière, les enfants poursuivirent leur marche. Plus ils avançaient, plus la forêt leur devenait familière. Ils finirent par apercevoir au loin la maison paternelle. Aussitôt, ils accélérèrent le pas, entrèrent en trombe dans l'unique pièce et se jetèrent au cou de leur père. Ils apprirent qu'en leur absence, leur belle-mère était morte. Quant à leur père, depuis qu'il les avait abandonnés dans la forêt, il n'avait plus connu un instant de bonheur.

Sans plus attendre, Gretel secoua son tablier, Hänsel vida ses poches par poignées, et des milliers de perles et de pierres précieuses s'éparpillèrent sur le sol. À compter de ce jour, tous leurs soucis s'envolèrent et ils vécurent heureux.

DAME HIVER

Une veuve avait deux filles, l'une belle et travailleuse, l'autre laide et paresseuse. Elle n'aimait que la laide et paresseuse, car seule celle-ci était sa propre fille. L'autre était durement traitée et devait assumer toutes les tâches de la maison. Il lui fallait de surcroît aller chaque jour sur la grande route s'asseoir près du puits et filer la laine avec sa quenouille. Elle filait tant et tant que le sang finit par perler de ses doigts.

Un jour, la quenouille fut elle aussi souillée de sang. La jeune fille, aussitôt, voulut la laver avec l'eau du puits, et elle se pencha au-dessus de la margelle. Au même moment, la quenouille lui échappa des mains et tomba au fond de l'eau.

Le visage baigné de larmes, la malheureuse courut raconter à sa belle-mère sa mésaventure. Mais celle-ci demeura insensible à ses pleurs et la réprimanda vertement. Puis elle lui dit :

— C'est de ta faute si la quenouille est tombée au fond du puits. Débrouille-toi maintenant pour la récupérer.

La jeune fille retourna au puits, se demandant comment elle allait s'y prendre. La peur de sa belle-mère fut la plus forte. Alors, en désespoir de cause, elle sauta dans le puits. Dans sa chute, elle s'évanouit.

Quand elle ouvrit les yeux et recouvrit ses esprits, une magnifique prairie inondée de soleil et couverte de milliers de fleurs s'étendait devant elle. Elle se leva et se mit en marche.

Chemin faisant, elle vint à passer devant un four de boulanger rempli de pains. De l'intérieur, elle entendit appeler :

— Je t'en supplie, sors-moi du four ! Sors-moi du four ! Sinon je vais brûler. Cela fait un bon moment que je suis cuit.

Elle s'approcha, prit la grande pelle en bois du boulanger, retira un à un tous les pains, puis se remit en route.

Peu après, alors qu'elle passait près d'un pommier ployant sous le poids de ses fruits, elle entendit crier :

— Je t'en supplie, secoue-moi ! Secoue-moi ! Nous, les pommes, nous sommes toutes mûres depuis longtemps.

Elle secoua l'arbre, et les pommes tombèrent comme s'il en pleuvait jusqu'à ce qu'il n'en restât plus une seule dans l'arbre. Après les avoir regroupées en un gros tas, elle se remit en route.

Pour finir, elle vint à passer devant une maisonnette et vit une vieille femme qui regardait à sa fenêtre. La vieille avait de si grandes dents que la jeune fille fut saisie d'effroi et voulut filer à toutes jambes. Mais elle l'entendit crier :

— De quoi as-tu peur, chère enfant ? Viens donc chez moi ! Tu t'occuperas de la maison. Si tu travailles correctement, tu ne seras pas malheureuse ici. Ce que je te demande surtout, c'est de faire mon lit avec le plus grand soin. Au moment de secouer l'édredon à la fenêtre, mets-y toute ton énergie, pour que les plumes s'en échappent et s'envolent comme autant de flocons de neige. Ainsi il neigera sur le monde. Je suis Dame Hiver.

La vieille femme lui parlait avec une telle gentillesse, que la jeune fille oublia sa peur et accepta son offre. Tout le temps qu'elle resta à son service, elle respecta scrupuleusement ses instructions, avec comme seul souci celui de ne jamais lui déplaire. Et lorsqu'elle secouait l'édredon, elle usait de toutes ses forces pour que les plumes s'en échappent et voltigent dans les airs comme s'il neigeait. En retour, son existence était fort agréable : jamais une parole méchante de la part de la vieille femme et, tous les jours, des plats bouillis ou rôtis.

La jeune fille vivait déjà depuis un bon moment chez Dame Hiver quand, sans comprendre tout de

73

suite pourquoi, elle se sentit envahie d'une profonde tristesse. Elle finit par s'avouer qu'elle avait le mal du pays. Pourtant elle était ici mille fois mieux traitée que chez elle. Mais le désir de rentrer l'emportait. Elle en fit part un jour à la vieille femme.

— Ma maison commence à me manquer, lui dit-elle. Et même si je ne me déplais pas ici, en bas, je ne peux rester davantage. Il faut que je retourne là-haut retrouver les miens.

Dame Hiver lui répondit :

— C'est un sentiment louable, chère enfant. Et puisque tu m'as servie si fidèlement, je te raccompagnerai moi-même là-haut.

Elle la prit par la main et la conduisit jusqu'à un grand portail, dont elle ouvrit les deux battants. Au moment où la jeune fille le franchit, une pluie d'or s'abattit sur elle et tout l'or lui resta accroché, la recouvrant de la tête aux pieds.

— Garde-le, dit Dame Hiver. C'est le fruit de ton travail, tu l'as bien mérité.

Elle lui remit aussi la quenouille qui était tombée au fond du puits. Puis elle referma les deux battants du portail, et la jeune fille se retrouva en haut, non loin de chez sa mère. Lorsqu'elle pénétra dans la cour, le coq, perché sur la margelle du puits, se mit à chanter :

« Cocorico,
Notre courageuse demoiselle est de nouveau en haut. »

La jeune fille entra dans la maison. La voyant couverte d'or, sa mère et sa sœur l'accueillirent à bras ouverts. Elle leur fit alors le récit de ce qui lui était arrivé. Et quand elle raconta comment elle avait acquis une telle fortune, sa mère se dit que son autre fille, la laide et paresseuse, pourrait aisément en obtenir tout autant.

À la demande de sa mère, la fille prit une quenouille et alla s'asseoir près du puits pour filer. Puis elle cueillit une épine dans la haie de ronces et se piqua le doigt pour tacher de sang la quenouille. Après quoi, elle jeta la quenouille au fond du puits, et s'y jeta à son tour. Elle se retrouva dans la même prairie que sa sœur, emprunta le même chemin. Quand elle arriva près du four de boulanger rempli de pains, elle entendit appeler :

— Je t'en supplie, sors-moi du four ! Sors-moi du four ! Sinon je vais brûler. Cela fait un bon moment que je suis cuit.

La fille laide s'esclaffa :

— Si tu crois que je vais me salir !

Et elle poursuivit sa route. Peu après, elle passa devant le pommier et entendit crier :

— Je t'en supplie, secoue-moi ! Secoue-moi ! Nous, les pommes, nous sommes toutes mûres depuis longtemps.

Elle répondit :

— Tu plaisantes ou quoi ? Pour qu'il m'en tombe une sur la tête !

Elle ne prit même pas la peine de s'arrêter. Elle arriva enfin devant la maison de Dame Hiver. À la vue de la vieille femme, elle n'eut aucun mal à garder son calme, ayant été avertie par sa sœur de la taille effrayante de ses dents. Elle lui proposa aussitôt ses services.

Le premier jour, bien que cela lui coûtât, elle obéit à tout ce que Dame Hiver lui demandait de faire. Elle avait en tête les grandes quantités d'or que celle-ci lui remettrait ensuite. Mais dès le lendemain, son ardeur au travail diminua et elle exécuta ses tâches en traînant les pieds. Le troisième jour, ce fut pire encore. Elle décida qu'elle ferait la grasse matinée ! Vint le moment où elle ne faisait même plus convenablement le lit de Dame Hiver et où elle se contentait de secouer l'édredon avec une telle mollesse que les plumes ne s'envolaient plus. Lassée par tant de négligence et de paresse, la vieille femme finit par lui signifier son congé. La fille s'en montra ravie. Au moins n'aurait-elle plus à attendre la pluie d'or qui bientôt la rendrait aussi riche que sa sœur.

Elle se laissa guider par Dame Hiver jusqu'au grand portail. Mais au moment où elle le franchit, elle reçut sur elle non pas une pluie d'or, mais un grand chaudron de poix gluante et collante.

— Tiens, pour paiement de ton travail ! lui dit la

vieille femme, avant de refermer le portail derrière elle.

La paresseuse rentra chez elle ; elle était dégoulinante de poix. Lorsque le coq perché sur la margelle du puits l'aperçut, il s'écria :

« Cocorico,
Notre sale demoiselle est revenue en haut. »

La demoiselle eut beau tout essayer pour enlever la poix, rien n'y fit, et elle dut la garder jusqu'à la fin de ses jours.

LES MUSICIENS
DE LA VILLE DE BRÊME

Il était une fois un âne qui avait passé toute sa vie à porter inlassablement des sacs au moulin. L'âge venant, ses forces déclinaient et son travail s'en ressentait. Estimant qu'il n'était plus bon à grand-chose, son maître songea à s'en débarrasser. Quand l'âne sentit que le vent commençait à mal tourner pour lui, il prit les devants et décida d'aller à Brême se faire engager comme musicien de l'orchestre municipal.

Après quelques heures de marche, il tomba sur un chien de chasse couché sur la route, qui jappait comme quelqu'un qui n'en peut plus d'avoir trop couru.

— Eh, le clebs ! Qu'est-ce que tu as à japper comme ça ? s'enquit l'âne.

— Ah ! soupira le chien. Comme je me fais vieux, que je n'ai plus d'énergie et que je ne peux même

79

plus accompagner mon maître à la chasse, il a voulu me tuer à coups de bâton. Heureusement, j'ai réussi à lui filer entre les doigts. Mais maintenant, ce qui me préoccupe, c'est comment gagner mon pain.

— Tu sais quoi ? dit l'âne. Je vais à Brême pour devenir musicien. Viens avec moi et engage-toi aussi dans l'orchestre municipal. Moi, je vais jouer du luth ; toi, tu pourras battre de la grosse caisse.

Le chien accepta avec joie et l'un et l'autre se mirent en chemin.

Peu de temps après, ils rencontrèrent un chat, assis sur la route, qui faisait une triste mine.

— Eh, le moustachu, tu en fais une drôle de tête ! dit l'âne. Qu'est-ce qui ne va pas ?

— Quand on a vu la mort en face, c'est difficile d'avoir le cœur à rire, répliqua le chat. Comme, avec l'âge, j'ai perdu de ma vitalité et que mes dents se sont usées, je préfère maintenant passer mes journées à ronronner et à rêvasser derrière le poêle plutôt que de faire la chasse aux souris. Mais ce n'est pas du goût de ma maîtresse qui vient d'essayer de me noyer. Heureusement, j'ai réussi à m'échapper. Par contre, mon problème maintenant, c'est : où aller ?

— Viens avec nous à Brême, dit l'âne. Tu t'y connais en musique de nuit. Tu n'auras donc aucun mal à être recruté comme musicien.

Le chat trouva la proposition séduisante et fit route avec eux.

Quelque temps plus tard, les trois fugitifs vinrent

à passer devant une ferme. Perché en haut du portail, il y avait un coq qui criait à vous arracher des larmes.

— Eh, le réveille-matin ! Qu'est-ce que tu as à crier comme ça ? demanda l'âne.

— Ce matin dès l'aurore, j'ai annoncé du beau temps, ce qui tombait bien, vu que c'est le jour de la lessive et du séchage du linge. Pourtant, ma maîtresse a été sans pitié avec moi. Demain dimanche, elle a des invités et elle a demandé à la cuisinière de me faire passer à la casserole pour le déjeuner et de me trancher le cou dès ce soir. Alors je crie à plein gosier, tant que je suis encore en vie.

— À quoi ça te sert ? dit l'âne. Joins-toi plutôt à nous. On va à Brême. Que ce soit là-bas ou ailleurs, ce sera toujours mieux que d'attendre la mort sur ton portail. Tu as de la voix, et quand nous ferons de la musique tous ensemble, ça peut donner quelque chose de bien.

Le coq trouva l'idée très bonne et les quatre nouveaux amis se remirent en route.

La ville de Brême était à plus d'une journée de marche. Quand la nuit tomba, ils se trouvaient dans une forêt. Ils décidèrent d'y passer la nuit. L'âne et le chien s'allongèrent sous un grand arbre ; le chat s'installa sur une de ses branches et le coq se jucha d'un coup d'aile sur la cime, estimant que c'était pour lui l'endroit le plus sûr. Avant de s'endormir, il commença par jeter un œil aux quatre coins de l'horizon. C'est alors qu'il aperçut au loin une faible lueur. Il en fit part aussitôt à ses compagnons et leur expliqua que la lumière provenait certainement d'une maison.

— Dans ce cas, dit l'âne, levons le camp et allons-y, car le confort ici laisse plutôt à désirer.

Le chien pensa que s'il pouvait y avoir aussi quelques os avec un peu de viande autour à se mettre sous la dent, cela ne serait pas mal non plus.

Ils partirent donc en direction de la lumière. Plus ils avançaient, plus elle gagnait en intensité et en grosseur. Ils finirent par arriver devant une maison toute éclairée. L'âne étant le plus grand, il s'approcha de la fenêtre et regarda à l'intérieur.

— Eh, le bourricot ! Qu'est-ce que tu vois ? demanda le coq.

— Ce que je vois ? reprit l'âne. Une table servie avec mets et boissons à profusion et des brigands qui s'empiffrent à qui mieux mieux.

— À nous aussi, ça ne serait pas pour nous déplaire, répliqua le coq.

— Et comment ! s'exclama l'âne. Si seulement on pouvait avoir notre part du festin !

Les animaux se concertèrent pour savoir comment mettre en fuite les brigands. Ils finirent par trouver un moyen. L'âne poserait ses pattes de devant sur le rebord de la fenêtre ; le chien sauterait sur son dos ; le chat grimperait sur la tête du chien et le coq irait se percher sur la tête du chat.

Ce qui fut dit, fut fait. Puis, à un signal donné, ils entonnèrent leur musique d'une même voix. L'âne se mit à braire, le chien à aboyer, le chat à miauler et le coq à pousser des cocoricos. Après quoi, ils se ruèrent par la fenêtre et atterrirent dans la maison. Épouvantés par les cris, les brigands se levèrent d'un bond, persuadés qu'il ne pouvait s'agir que d'un fantôme et ils détalèrent dans la forêt. Nos quatre compagnons n'eurent plus qu'à s'attabler et à manger à satiété toutes les victuailles abandonnées.

Quand ils furent rassasiés, ils éteignirent les lumières et cherchèrent un coin pour dormir, chacun selon sa nature et son sens du confort. L'âne s'allongea dans la cour sur le tas de fumier, le chien derrière la porte, le chat dans la cheminée près des cendres chaudes et le coq se percha sur une poutre. Comme ils étaient fatigués de leur longue journée de marche, ils ne tardèrent pas à s'endormir.

À minuit passé, les brigands restés aux aguets virent que la maison était silencieuse et plongée dans le noir. Le chef de la bande dit alors :

— On n'aurait jamais dû se laisser intimider.

Et il demanda à l'un d'eux d'aller inspecter les lieux.

Quand le brigand entra dans la maison, rien ne bougea. Il alla ensuite dans la cuisine pour allumer une chandelle. Voyant les yeux rougeoyants du chat, il les prit pour de la braise et en approcha une allumette pour l'enflammer. Mais le chat, ne trouvant pas la plaisanterie à son goût, lui sauta au visage et le balafra de coups de griffes. Saisi de panique, le brigand voulut s'enfuir par la porte de derrière. Le chien, couché en travers, sauta alors sur ses pattes et planta ses crocs dans sa jambe. Quand le brigand traversa la cour et passa à côté du tas de fumier, l'âne lui flanqua une violente ruade. Quant au coq réveillé par tout ce tintamarre et qui était d'humeur joyeuse, il se mit à chanter du haut de sa poutre des cocoricos à n'en plus finir.

Terrorisé, le brigand fila à toutes jambes pour rendre compte au chef de bande de la situation.

— Ah, si tu savais ! lança-t-il, hors d'haleine. Dans la maison, je suis tombé sur une horrible sorcière qui m'a craché et griffé à la figure. En passant par la porte de derrière, j'ai trébuché sur un homme qui m'a planté son couteau dans le mollet. En traversant la cour, un monstre tout noir m'a frappé avec une massue. Et sur le toit, il y a un juge qui clame haut et fort : « Qu'on fasse venir à moi ce chenapan ! Qu'on fasse venir à moi ce chenapan ! » Je n'ai rien pu faire d'autre que de prendre la fuite.

À partir de ce moment-là, les brigands n'osèrent plus jamais pénétrer dans la maison. Quant aux quatre musiciens de la ville de Brême, ils s'y trouvèrent si bien qu'ils ne voulurent plus la quitter.

LE PÊCHEUR ET SA FEMME

Il était une fois un pauvre pêcheur qui vivait avec sa femme dans une misérable cabane près du bord de la mer. Jour après jour, il se rendait sur la plage et pêchait du matin jusqu'au soir. Il passait des heures assis, sa ligne à la main, le regard scrutant l'eau claire.

Un jour, l'extrémité de la ligne disparut au fond de l'eau. Lorsqu'il la remonta, il vit un gros carrelet accroché à l'hameçon. Celui-ci lui dit :

— Oh ! pêcheur. Laisse-moi la vie sauve. Je ne suis pas un vrai poisson, mais un prince victime d'un mauvais sort. À quoi te servirait de me tuer ? Je ne pense pas que tu me trouverais à ton goût. Remets-moi plutôt dans l'eau.

— Inutile d'user de tant de paroles pour me convaincre, répondit le brave homme. Un poisson qui sait parler mérite de vivre en toute liberté.

Après l'avoir décroché de l'hameçon, il le rejeta dans l'eau claire et le carrelet disparut au fond de la mer, laissant derrière lui une longue traînée de sang. Puis il se leva et regagna sa cabane.

— Eh bien, mon homme ! dit la femme. N'as-tu donc rien pris aujourd'hui ?

— Non, répondit-il. J'ai certes attrapé un carrelet. Mais quand il m'a dit qu'il était un prince ensorcelé, je l'ai rejeté à l'eau.

— Et en échange, tu n'as rien demandé pour toi ?

— Non, dit le pêcheur. D'ailleurs, que pourrais-je bien souhaiter ?

— Comment ! s'emporta la femme. Cette cabane, dans laquelle nous vivons, est abominable. Non seulement elle est laide, mais en plus elle sent mauvais. Tu pourrais au moins souhaiter que nous ayons une vraie petite maison. Retourne sur la plage, appelle le carrelet et dis-lui ce que nous voulons. Il ne pourra pas te le refuser.

— Ah ! balbutia l'homme embarrassé. Tu en es sûre ?

— Enfin quoi ! dit la femme d'une voix pleurnicharde. Tu attrapes ce poisson, tu ne le tues pas, tu lui rends sa liberté. Il peut bien faire ça pour toi. Vas-y tout de suite.

D'un côté, l'homme ne voulait pas y aller. De l'autre, il ne voulait pas contrarier sa femme. Alors il se rendit sur la plage.

Ce jour-là, la mer avait une teinte mi-verdâtre, miorangée et elle avait perdu de sa clarté. Se campant face à elle, le pêcheur cria :

« Ohé, carrelet, gentil carrelet !
À mon aide, viens, s'il te plaît.
Isabelle, ma femme à moi,
Elle veut ce que moi je n'veux pas. »

À ces mots, le carrelet arriva aussitôt et demanda :

— Que veut donc ta femme ?

— Ah ! soupira l'homme. Je lui ai raconté que je t'avais capturé, puis laissé la vie sauve. Et voilà qu'elle me dit qu'en échange, j'aurais pu te demander d'accomplir un souhait. Elle ne supporte plus de vivre dans notre cabane misérable. Son rêve serait d'avoir une jolie maisonnette.

— Soit ! dit le carrelet. Tu peux maintenant rentrer chez toi. Son souhait est accompli.

Quand le pêcheur revint chez lui, une ravissante chaumière se dressait à la place de la cabane et sa femme l'attendait, assise dehors sur un banc, près de la porte.

— Entre et viens voir ! lui dit la femme, en le prenant par la main. À l'intérieur, c'est beaucoup mieux encore.

La chaumière se composait d'un petit vestibule, d'une chambrette bien proprette avec un lit pour chacun, d'une cuisine-salle à manger agréablement décorée et parfaitement équipée des meilleurs ustensiles, qu'ils soient de cuivre ou d'étain, et de tout ce dont on peut avoir besoin. À l'arrière de la maisonnette, il y avait une petite basse-cour avec des poules et des canards, ainsi qu'un jardinet où poussaient des légumes et des arbres fruitiers.

— N'est-ce pas charmant ? demanda la femme.

— Oh si, répondit l'homme. Te voilà comblée. Tu ne pouvais pas souhaiter mieux.

— C'est possible. On verra, dit la femme.

Ils dînèrent, puis allèrent se coucher.

Au bout d'une semaine ou deux, la femme dit à son mari :

— Écoute, mon homme ! Cette chaumière est vraiment trop petite ; la basse-cour et le jardin aussi. Le carrelet aurait quand même pu nous offrir quelque chose de plus grand. J'aimerais tellement vivre dans un grand château en pierre de taille. Vas donc voir ce poisson et demande-le-lui.

— Que reproches-tu à notre chaumière ? s'étonna l'homme. Elle convient parfaitement à nos besoins. Alors quelle idée de vouloir vivre dans un château !

— Oh, pleurnicha-t-elle, va le voir ! Pour lui, ça n'a rien de compliqué.

— Non, femme ! Le carrelet nous a déjà offert notre chaumière. Ça me gêne d'abuser une seconde fois de sa gentillesse. Il pourrait se vexer.

— S'il te plaît, vas-y ! Je te répète qu'il peut faire ça en un tour de main et je suis sûre qu'il sera ravi de nous être agréable.

L'homme était très ennuyé, se disant en lui-même que ce n'était pas correct. Il avait nulle envie d'aller sur la plage déranger une nouvelle fois le gentil carrelet. C'est pourtant ce qu'il fit.

Ce jour-là, la mer n'était ni verdâtre ni jaunâtre. Elle avait pris une teinte bleu foncé et violette, voire grisâtre, et faisait penser à une soupe épaisse. Mais elle était calme. Le pêcheur se campa devant et cria :

« Ohé, carrelet, gentil carrelet !
À mon aide, viens, s'il te plaît.
Isabelle, ma femme à moi,
Elle veut ce que moi je n'veux pas. »

— Et que veut-elle ? demanda le carrelet.

— Ah ! balbutia l'homme, gêné. Elle préférerait habiter dans un grand château en pierre de taille.

— Soit ! dit le carrelet. Tu peux maintenant rentrer chez toi. Elle t'attend devant la porte.

Le pêcheur rentra chez lui, persuadé qu'il allait retrouver sa chaumière. Mais quelle ne fut pas sa surprise de voir s'élever à sa place un grand château en pierre de taille. Sa femme l'attendait en effet devant la porte d'entrée, en haut d'un grand escalier. Quand il arriva à sa hauteur, elle le prit par la main et lui fit visiter le superbe édifice.

On entrait par un vaste vestibule, dont le sol était en marbre. À toutes les portes, une nuée de serviteurs se précipitaient pour en ouvrir les battants. Toutes les pièces, petites ou grandes, avaient des chaises et des tables en or et étaient éclairées par des lustres en cristal. Les sols étaient recouverts de tapis et les murs d'un blanc immaculé étaient tendus de magnifiques tapisseries. Derrière le palais s'étendait une grande cour avec écuries, étables et calèches. Il y avait aussi un vaste jardin regorgeant de massifs de fleurs et d'arbres fruitiers les plus exquis. Et dans le parc d'un demi-mille[1] de long folâtraient en liberté des cerfs, des chevreuils et tout ce que l'on pouvait imaginer.

— Qu'en penses-tu ? dit la femme. C'est magnifique, non ?

— Oui, dit l'homme. Tu es donc satisfaite. Puisque c'est ce que tu voulais, vivons dans ce palais et n'en demandons pas davantage.

— Peut-être. On verra. La nuit porte conseil, dit la femme.

Et ils allèrent se coucher.

Le lendemain matin, la femme se réveilla la première. Il faisait déjà jour. Du lit, elle pouvait voir le pays magnifique qui se déroulait à perte de vue sous ses yeux. Voyant que son mari commençait à bouger, elle lui flanqua un coup de coude dans les côtes et lui dit :

— Lève-toi, mon homme, et regarde par la fenêtre.

---

1. Le mille est une ancienne mesure de longueur, datant du temps des Romains, qui équivaudrait aujourd'hui à environ 1,481 km.

Pourquoi ne serais-tu pas roi pour régner sur le pays que tu vois ?

— Ah, femme ! s'étonna le pêcheur. Pourquoi souhaiterais-je être roi ?

— Eh bien, répliqua-t-elle. Si tu ne veux pas être roi, moi, je serai reine. Vas voir le carrelet et dis-le-lui.

— Quelle drôle d'idée as-tu là ? Je ne me vois pas raconter ça au carrelet.

— Pourquoi pas ? répondit la femme d'un ton sec. Et maintenant, ne discute plus et fais ce que je te demande.

Le pêcheur n'avait nulle envie d'aller sur la plage pour importuner une nouvelle fois le gentil carrelet. Il céda pourtant au caprice de sa femme.

Quand il arriva sur la plage, il vit que la mer était plus sombre que la veille : elle était devenue gris-noir. L'eau remontait du fond et dégageait une odeur nauséabonde. Le pêcheur se campa sur ses jambes et cria :

« Ohé, carrelet, gentil carrelet !
À mon aide, viens, s'il te plaît.
Isabelle, ma femme à moi,
Elle veut ce que moi je n'veux pas. »

— Et que veut-elle ? demanda le carrelet.

— Ah, soupira le pêcheur. Elle veut être reine.

— Soit ! dit le carrelet. Tu peux maintenant rentrer chez toi. Son souhait est accompli.

Quand le pêcheur revint au château, celui-ci était

beaucoup plus grand qu'avant. De plus, il était désormais surmonté d'une haute tour dont la pierre avait été délicatement ouvragée. Devant le porche d'entrée se tenaient des sentinelles aux armoiries du château et on assistait à un va-et-vient continu de soldats, de tambours et de trompettes. L'intérieur de l'imposant édifice était, lui aussi, beaucoup plus beau. Partout ce n'était que marbre, or et lourdes tentures de velours. Lorsque les portes de la grande salle du Conseil s'ouvrirent, le pêcheur vit sa femme assise sur un trône rutilant d'or et serti de diamants. Elle portait sur la tête une lourde couronne en or et tenait dans la main un sceptre, également en or, orné de pierres précieuses.

Se plaçant devant elle, il demanda :

— Dis-moi, femme ! Es-tu vraiment reine, maintenant ?

— C'est exact, répondit-elle. Maintenant, je suis reine.

Le pêcheur resta silencieux un instant et l'observa. Il dit enfin :

— Eh bien, femme ! Te voilà enfin satisfaite. Tu as eu ce que tu souhaitais.

— Non ! gémit-elle, esquissant une grimace. Je m'ennuie déjà mortellement. Je ne le supporte plus. Va voir le carrelet et dis-lui qu'il ne me suffit plus d'être reine. Je veux aussi être impératrice !

— Impératrice ! s'étonna le pêcheur. Et pourquoi ?

— Assez de discussion ! répliqua-t-elle. Tu vas le voir et tu lui dis que je veux absolument être impératrice.

— Mais enfin ! protesta le pêcheur. Je ne peux pas lui demander ce qui n'est pas en son pouvoir. Il ne peut pas te faire impératrice. Une impératrice sans empire, ça n'existe pas !

— C'est ce qu'on va voir ! s'emporta la femme. Je suis reine et, que je sache, tu es mon homme. Alors, je te somme d'obéir ! Et sur-le-champ ! Quelqu'un qui fait des reines est aussi capable de faire des impératrices. Et moi, je veux être impératrice. Allez, file !

Une fois de plus, le pêcheur céda et se rendit au bord de l'eau. Mais chemin faisant, l'inquiétude montait en lui et il se répétait sans cesse : « Tout cela va mal se terminer. À trop demander, le carrelet va finir par se fâcher. »

Lorsqu'il arriva enfin sur la plage, la mer était noir d'encre. De l'écume épaisse commençait à remonter à la surface et un vent tourbillonnant venait de se lever, soulevant des vagues de plus en plus hautes. Le cœur rempli de crainte, le malheureux cria :

« Ohé, carrelet, gentil carrelet !
À mon aide, viens, s'il te plaît.
Isabelle, ma femme à moi,
Elle veut ce que moi je n'veux pas. »

— Et que veut-elle ? demanda le carrelet.

— Ah ! gémit le pêcheur. Maintenant, elle veut être impératrice.

— Soit ! dit le carrelet. Tu peux maintenant rentrer chez toi. Son souhait est accompli.

L'homme reprit le chemin du retour et, quand il arriva au château, les marbres étaient plus éblouissants que jamais et s'étaient enrichis de statues d'albâtre et d'ornements rutilants d'or. Devant la grande porte d'entrée, des soldats faisaient les cent pas au son des trompettes, des cymbales et des tambours. À l'intérieur du prestigieux édifice déambulaient des barons, des comtes et des ducs qui faisaient office de serviteurs et ouvraient au pêcheur les lourdes portes en or massif qui menaient de salle en salle. Quand celui-ci pénétra dans la salle du Conseil, sa femme siégeait sur un trône, également en or massif et elle portait sur la tête une couronne en or de trois aunes[1] de haut, incrustée de brillants et de rubis. D'une main, elle tenait le sceptre royal, de l'autre le globe impérial. De part et d'autre du trône, elle était flanquée de deux rangées parfaitement alignées de gardes du corps, dont les tailles allaient décroissant : cela partait des plus grands, des colosses gigantesques, jusqu'aux plus petits, des nains dont les derniers de la rangée étaient si minuscules qu'ils n'excédaient pas la taille

---

1. L'aune est une ancienne mesure de longueur, équivalente aujourd'hui à environ 1, 20 m.

du petit doigt. Et devant le trône se tenait une ribam-belle de princes et de ducs.

Le pêcheur se dirigea vers sa femme et demanda :

— Oh là ! Serais-tu donc impératrice, mainte-nant ?

— Tu le vois, répondit-elle. Je suis impératrice.

Le pêcheur prit le temps de se caler sur ses deux jambes pour mieux l'observer et finit par dire :

— Eh bien, te voilà donc satisfaite. Ton souhait s'est accompli.

— Que me chantes-tu là ? répliqua-t-elle. Je suis impératrice, il est vrai. Mais je veux maintenant être pape. Va le dire au carrelet.

— Oh, femme ! soupira le pêcheur. Que ne vas-tu pas encore chercher ? Tu ne peux pas devenir pape. Il n'y en a qu'un seul dans la chrétienté. Le carrelet ne peut rien pour toi.

— Écoute-moi bien, mon homme ! Je veux être pape. Et dès aujourd'hui. Alors ne perds pas de temps et cours le dire à ton poisson.

— Non, femme, essaya de protester le pêcheur. Je ne peux pas lui dire une chose pareille. Ce n'est pas correct. C'est trop lui demander. Et de toute façon, il n'en a pas le pouvoir.

— Ne raconte pas de bêtises ! s'emporta la femme. S'il a le pouvoir de me faire impératrice, il a celui de me faire pape. Je suis impératrice et tu es mon homme. Alors, ne discute plus et va !

Plus malheureux que jamais, le pêcheur partit en

direction de la plage. Il avait l'estomac noué et tremblait de tout son corps. Ses jambes flageolantes avaient du mal à le porter. Le temps aussi y était pour quelque chose. Un vent violent s'était levé, balayant toute la contrée, arrachant les feuilles des arbres et poussant les nuages à vive allure. Il faisait si sombre que l'on se serait cru le soir. La mer était démontée et les vagues, qui venaient se briser sur la plage, bouillonnaient. Et dans le lointain, on pouvait voir des bateaux, ballottés par les flots, qui lançaient des signaux de détresse. Le ciel, en son milieu, avait encore un peu de bleu, mais sur les côtés, la couleur tirait au rouge, laissant présager l'arrivée d'une tempête.

Le pêcheur arriva au bord de l'eau, totalement découragé, la peur au ventre, et il cria :

« Ohé, carrelet, gentil carrelet !
À mon aide, viens, s'il te plaît.
Isabelle, ma femme à moi,
Elle veut ce que moi je n'veux pas. »

— Et que veut-elle ? demanda le carrelet.

— Ah ! soupira le pêcheur. Cette fois, elle veut être pape.

— Soit ! dit le carrelet. Tu peux maintenant rentrer chez toi. Son souhait est accompli.

Le pêcheur reprit donc le chemin du retour et tomba sur une imposante cathédrale entourée uniquement de superbes palais. Il dut se frayer un passage à travers la foule pour y pénétrer. L'intérieur était illuminé par des milliers et des milliers de lumières. C'est alors qu'il vit sa femme, toute d'or vêtue, siégeant sur un trône d'une hauteur indicible, la tête couverte de trois grosses couronnes d'or, entourée d'une imposante assemblée d'ecclésiastiques. De part et d'autre du trône se dressaient deux rangées de lumières qui allaient du candélabre aussi haut et large que la plus haute des tours jusqu'au minuscule bougeoir de cuisine. Tous les rois et toutes les reines étaient agenouillées devant sa femme et baisaient sa pantoufle.

— Femme ! s'exclama le pêcheur, n'en croyant pas ses yeux. Es-tu vraiment pape, maintenant ?

— En effet, répliqua-t-elle. Je suis pape.

Faisant un pas vers elle, il fut ébloui, comme s'il regardait le soleil en face. Il resta un certain temps immobile à l'observer, puis finit par dire :

— Eh bien, tu dois être contente. Tu as obtenu ce que tu voulais.

Mais la femme n'exprima aucune joie et demeura aussi raide qu'un piquet.

Il revint à la charge.

— J'imagine quand même que tu es plus que satisfaite. Quand on est pape, on ne peut rien souhaiter de mieux.

— C'est justement la question que je me pose, répondit-elle d'un air pincé.

Puis ils allèrent se coucher.

En fait, la femme n'était nullement satisfaite, car son ambition était sans limites. Au cours de cette nuit, le pêcheur tomba dans un profond sommeil, tant la journée avait été épuisante pour lui. Mais la femme passa une nuit blanche à se tourner et se retourner dans le lit, se demandant ce qu'elle pourrait souhaiter de mieux encore. La nuit s'acheva sans que la femme eut trouvé quoi.

Alors que l'horizon se teintait de rose, la femme se redressa dans son lit et regarda par la fenêtre le soleil monter dans le ciel. Une pensée lui vint alors à l'esprit. « Oh ! se dit-elle. Pourquoi ne pourrais-je pas, moi aussi, faire se lever le soleil et la lune ? »

— Homme ! hurla-t-elle aussitôt. Réveille-toi, va voir le carrelet et dis-lui que je veux être comme le Bon Dieu.

Encore ensommeillé, le pêcheur fut saisi d'un tel effroi qu'il en tomba du lit. Il songea qu'il avait mal entendu, se frotta les yeux et demanda :

— Qu'as-tu dit, femme ?

— Écoute ! pleurnicha-t-elle. Si je ne peux pas faire se lever le soleil et la lune, je n'ai plus de goût à rien et je ne connaîtrai pas une heure de tranquillité tant que je ne pourrai pas faire se lever le soleil et la lune. Va immédiatement voir le carrelet et dis-lui que je veux avoir les mêmes pouvoirs que le Bon Dieu.

À ces mots, le malheureux pêcheur tomba à ses genoux.

— Je t'en prie, femme ! gémit-il. Le carrelet n'a pas ce pouvoir. Il peut tout au plus faire de quelqu'un un empereur ou un pape. Si j'étais toi, je resterais pape.

La femme se transforma alors en furie ; ses cheveux tourbillonnèrent autour de sa tête, tandis qu'elle clamait :

— Je n'en peux plus ! Je n'en peux plus ! Alors, vas-tu m'obéir, oui ou non ? !

Le pêcheur enfila son pantalon et sortit en courant comme un fou. Mais dehors, la tempête faisait rage. C'est à peine s'il pouvait tenir debout. Les maisons et les arbres étaient renversés par des bourrasques ; les montagnes tremblaient et des blocs de rochers allaient s'écraser dans la mer. Le ciel était noir comme de la poix ; le tonnerre grondait et les éclairs déchiraient le ciel ; les vagues de la mer, ourlées d'écume, s'élevaient à la hauteur d'un clocher. Quand le pêcheur arriva au bord de l'eau, il se mit à hurler, sans même pouvoir entendre sa propre voix :

« Ohé, carrelet, gentil carrelet !
À mon aide, viens, s'il te plaît.
Isabelle, ma femme à moi,
Elle veut ce que moi je n'veux pas. »

— Et que veut-elle ? demanda le carrelet.
— Ah ! se lamenta le pêcheur. Cette fois, elle s'est

mise en tête d'avoir les mêmes pouvoirs que le Bon Dieu.

— Homme ! dit le carrelet. Rentre chez toi. Je viens de renvoyer ta femme dans votre cabane de pêcheur.

Depuis ce jour, le pêcheur et sa femme n'ont plus jamais quitté leur cabane et ils y vivent aujourd'hui encore.

LE LOUP
ET LES SEPT CHEVREAUX

Il était une fois une vieille chèvre qui avait sept jeunes chevreaux. Elle les aimait, comme toute mère aime ses enfants. Un jour, elle dut aller dans la forêt chercher de quoi manger. Avant de partir, elle rassembla ses sept petits et leur dit :

— Mes enfants, je dois aller dans la forêt. Faites attention au loup et surtout ne le laissez pas entrer. Sinon il vous dévorerait tout crus. Méfiez-vous ! Ce chenapan est un excellent comédien. Mais vous le reconnaîtrez sans peine à sa voix rauque et à ses pattes noires.

— Ne t'inquiète pas, maman, répondirent les chevreaux. Nous ferons très attention. Tu peux partir tranquille.

La mère bêla et se mit en chemin. À peine était-elle partie que quelqu'un frappa à la porte en disant :

— Ouvrez, mes enfants ! C'est votre maman. Elle vous a rapporté à chacun de bonnes choses.

Mais les chevreaux reconnurent le loup à sa voix rauque et répliquèrent :

— Nous n'ouvrirons pas, car tu n'es pas notre maman. Elle a une voix douce et agréable. La tienne est rauque. Toi, tu es un loup !

Le loup alla de ce pas chez un marchand et lui acheta un grand morceau de craie qu'il croqua pour adoucir sa voix. Puis il revint, frappa de nouveau à la porte et susurra :

— Ouvrez, mes enfants ! C'est votre maman. Elle vous a rapporté à chacun quelque chose de bon.

Le loup avait posé sa patte noire sur le rebord de la fenêtre. Quand les petits chevreaux l'aperçurent, ils s'exclamèrent :

— Nous n'ouvrirons pas. Notre maman n'a pas de pattes noires comme toi. Toi, tu es un loup !

Le loup courut alors chez le boulanger et lui expliqua :

— Je me suis blessé à la patte. Fais-moi un pansement avec de la pâte.

Le boulanger s'exécuta. Le loup fila ensuite chez le meunier et lui dit :

— Répands de la farine blanche sur ma patte.

Le boulanger se douta que le loup avait l'intention de duper quelqu'un et il refusa. Mais le loup se fâcha :

— Si tu n'obéis pas, je te dévore sur-le-champ !

Le pauvre eut si peur qu'il lui blanchit sa patte de farine. Eh oui, les hommes sont ainsi.

Le chenapan revint pour la troisième fois frapper à la porte des petits chevreaux et dit d'une voix douce :

— Ouvrez, mes enfants. Votre chère maman est de retour à la maison et elle vous a rapporté à chacun de si bonnes choses de la forêt.

Les chevreaux répliquèrent en chœur :

— Montre-nous ta patte ! Nous voulons être sûrs que tu es bien notre maman.

Le loup posa sa patte sur le rebord de la fenêtre. Quand les chevreaux virent qu'elle était blanche, ils pensèrent que la voix disait vrai et ils ouvrirent la porte. Mais ce fut le loup qui entra.

Saisis d'effroi, les chevreaux cherchèrent aussitôt où se cacher. L'un se précipita sous la table, le second dans le lit, le troisième dans le poêle, le quatrième dans la cuisine, le cinquième dans l'armoire, le sixième sous l'évier et le septième dans la grande pendule. Mais le loup les retrouva et n'y alla pas par quatre chemins : dans sa voracité, il les avala l'un après l'autre. Le seul qu'il ne trouva pas fut le plus jeune, caché dans la pendule. Après s'être rempli la panse, il alla d'un pas lourd dans la prairie verdoyante s'étendre sous un arbre, où il s'endormit.

Peu après, la vieille chèvre revint de la forêt. Quel horrible spectacle l'attendait ! La porte d'entrée grande ouverte, la table, les chaises et les bancs renversés, l'évier en mille morceaux, les couvertures et les oreillers jetés par terre. Et ses enfants, où étaient-ils ? Elle eut beau les chercher, elle n'en vit aucun. Elle eut beau les appeler l'un après l'autre par leur nom, aucun ne répondit. Pourtant, quand elle appela en dernier le nom du plus jeune, elle entendit une voix fluette dire :

— Maman, je suis dans la pendule.

Elle l'aida à sortir et il lui raconta que le loup était venu et avait dévoré ses frères. Imaginez les torrents de larmes versés par la pauvre maman !

Le cœur brisé par le chagrin, elle finit par sortir de la maison, suivie par son plus jeune fils. Quand ils arrivèrent dans la prairie, ils virent le loup allongé sous l'arbre. Il ronflait si fort que les feuilles en tremblaient. Le regardant de près, ils remarquèrent que ça s'agitait et gigotait dans son ventre rebondi. « Oh, mon Dieu ! songea la vieille chèvre, mes pauvres enfants, mangés par ce chenapan à son dîner, seraient-ils encore en vie ? » Elle demanda aussitôt à son jeune fils d'aller lui chercher au plus vite à la maison une paire de ciseaux, du fil et une aiguille.

Au premier coup de ciseaux qui entailla le ventre du monstrueux animal, la tête d'un petit chevreau apparut. La mère continua de couper et libéra ainsi, un à un, les autres chevreaux. Tous étaient en vie. Pas un n'avait souffert, car le loup était si glouton qu'il n'avait fait que les avaler. Ce fut une explosion de joie ! Les sept chevreaux se jetèrent au cou de leur maman et sautillèrent autour d'elle. Mais la vieille chèvre leur demanda de se calmer et leur dit :

— Courez me chercher des pierres. Nous allons profiter du sommeil de ce chenapan pour lui en remplir le ventre.

Les chevreaux revinrent lourdement chargés et bourrèrent le ventre de l'animal autant qu'ils purent. Ensuite, leur mère se hâta de recoudre le loup, pour qu'il ne remarque rien et ne se mette pas à bouger.

Ayant dormi tout son soûl, le loup se releva. Comme les pierres dans son estomac lui donnaient très soif, il voulut aller se désaltérer à la fontaine. Mais dès qu'il commença à marcher, les pierres s'entrechoquèrent à grand bruit dans son ventre. Surpris, il s'écria :

« Ba-boum, ba-boum, ba-boum !
Oh là ! Qu'est donc ce brouhaha ?
Ça me tourneboule
Comme des pierres qui roulent
Dans mon estomac. »

Arrivé à la fontaine, il se pencha pour boire. Mais les pierres l'entraînèrent au fond de l'eau et il se noya pitoyablement. Les sept chevreaux, qui avaient tout vu, accoururent en hurlant à gorge déployée :

— Le loup est mort ! Le loup est mort !

Et, prenant leur mère par la main, ils se lancèrent dans une joyeuse sarabande autour de la fontaine.

LE VAILLANT PETIT TAILLEUR

C'était par une belle matinée d'été. Assis à sa table de travail près de la fenêtre, un petit tailleur cousait avec entrain. Une paysanne vint à passer dans la rue en criant :

— Achetez mes bonnes confitures ! Achetez mes bonnes confitures !

Ces mots tintèrent si agréablement aux oreilles du petit tailleur qu'il se pencha à la fenêtre et cria à son tour :

— Montez, ma brave dame, que je puisse vous acheter votre marchandise.

Chargée de son lourd panier, la paysanne gravit l'escalier qui menait au troisième étage et déballa tous ses pots sur la table de l'atelier de couture.

Le tailleur prit le temps de les regarder un à un, de les soulever, de les renifler, puis finit par dire :

— Cette confiture a l'air parfaitement réussie. Choisissez-moi donc quatre pots, ma brave dame.

La paysanne, qui avait espéré vendre toute sa marchandise, en fut pour ses frais. Elle donna ce qui lui avait été demandé, mais repartit en grommelant.

Dès que le tailleur se retrouva seul, il s'exclama, ravi :

— Voilà une confiture qui va assurément me donner des forces !

Il alla chercher la miche de pain dans l'armoire et se coupa une belle tranche dans le sens de la longueur qu'il tartina abondamment.

— Hum ! Je sens que je vais me régaler, se dit-il à haute voix. Mais il vaut mieux que je termine ce pourpoint[1] avant de manger.

Posant la tartine sur le côté de la table, il reprit donc son ouvrage et comme il était d'humeur joyeuse, ses points grandissaient à vue d'œil.

Pendant ce temps, le parfum sucré de la confiture montait le long du mur où s'étaient posées des centaines de mouches. Alléchées par l'odeur, elles finirent par s'abattre sur la tartine.

— Eh vous ! Qui vous a invitées ? s'emporta subitement le petit tailleur, en essayant de chasser les indésirables.

Mais les mouches, qui ne comprenaient pas un traî-

---

1. Vêtement masculin très ajusté qui couvre le corps du cou juqu'à la ceinture.

tre mot de ce qu'il racontait, ne se laissèrent pas intimider et continuèrent à affluer de plus belle. Le tailleur finit, comme on dit, par en avoir plein le dos.
Ayant déniché au milieu de ses affaires un torchon, il
se mit à frapper impitoyablement en proférant des
« Vous allez voir ce que vous allez voir ! » Quand les
mouches battirent en retraite, il se mit à compter
celles qui n'étaient plus que des cadavres. Il n'y en
avait pas moins de sept !

— Fichtre, t'es un sacré gaillard ! se complimenta-
t-il lui-même, en pensant à son incroyable vaillance.

Et d'ajouter aussitôt :

— Toute la ville doit être informée de ta prouesse.

Il s'empressa alors de découper une ceinture dans
de l'étoffe, la cousit, puis broda dessus en grosses
lettres : *SEPT D'UN COUP !*

Son cœur sautait de joie et, tout en tirant l'aiguille,
il poursuivit son discours :

— Toute la ville ? Non, ça ne suffit pas. La terre
entière doit être mise au courant.

Une fois la ceinture achevée, il la noua autour de
son corps et décida de parcourir le vaste monde, estimant que son atelier était trop petit pour un homme
aussi vaillant que lui. Avant de partir, il chercha dans
la maison ce qu'il pourrait emporter. Il ne trouva
qu'un vieux fromage qu'il fourra dans sa poche. Alors
qu'il arrivait aux portes de la ville, il vit un oiseau
retenu captif dans un buisson. L'oiseau alla rejoindre
le fromage dans sa poche. Après quoi, il se lança

vaillamment sur les routes du monde et comme il se sentait le pied alerte et léger, il ne ressentit aucune fatigue.

Ses pas le conduisirent sur une montagne. Arrivé sur le plus haut sommet, il tomba sur un énorme géant, assis par terre, qui regardait nonchalamment autour de lui. Se dirigeant bravement vers lui, il l'interpella en ces mots :

— Salut, camarade ! On dirait que t'es en train de contempler le vaste monde, hein ? C'est justement là-bas que je vais tenter ma chance. Ça te dirait de m'accompagner ?

Le géant lui jeta un regard méprisant avant de s'esclaffer :

— Pff ! Tu t'es vu, espèce de mauviette ?

— Moi, une mauviette ! répliqua le petit tailleur.

Ce disant, il déboutonna sa redingote et pointant du doigt sa ceinture, il dit au géant :

— Lis, si tu veux savoir quel genre d'homme je suis.

Lorsque le géant lut : *Sept d'un coup !*, il pensa qu'il s'agissait de sept hommes que le petit tailleur aurait tués d'un coup et il lui témoigna un peu plus de respect. Il éprouva néanmoins le besoin de le mettre à l'épreuve. Pour ce faire, il prit une pierre dans la main et la pressa si fort qu'il en sortit de l'eau. Puis il dit au tailleur :

— Si tu es aussi costaud que tu le prétends, fais-en autant.

— Ça ? répliqua le petit homme. C'est un jeu d'enfant !

Plongeant la main dans sa poche, il en retira le vieux fromage grisâtre et, quand il le pressa, du liquide en sortit. Il dit alors au géant :

— Qu'est-ce que t'en penses ? Un peu mieux que toi, hein ?

Le géant, ayant pris le fromage pour une pierre, en resta un moment bouche bée, tant la chose lui parut incroyable de la part de ce freluquet. Puis il ramassa une seconde pierre et la lança tellement haut que c'est à peine si on pouvait la suivre du regard.

— À ton tour, l'avorton ! dit-il alors au petit tailleur.

— Tu lances pas mal, fit remarquer ce dernier. Mais ta pierre est retombée par terre. La mienne, je vais la lancer à une telle hauteur qu'elle ne reviendra pas.

Plongeant de nouveau la main dans sa poche, il empoigna cette fois l'oiseau et le jeta en l'air. Heureux d'avoir retrouvé sa liberté, le petit volatile s'éleva dans le ciel à tire-d'aile et ne revint plus jamais.

— Eh bien, camarade ! Qu'est-ce que tu dis de mon petit numéro ? demanda le tailleur.

— Pour ce qui est de lancer, tu t'en tires plutôt bien. Mais voyons maintenant si tu as la force de porter quelque chose de vraiment lourd.

Le géant le conduisit jusqu'à un grand chêne qui venait d'être abattu et lui dit :

111

— Si tu en as la force, aide-moi à sortir cet arbre de la forêt.

— Volontiers, répliqua le tailleur. Occupe-toi du tronc. Moi, je me charge de la tête, autrement dit des branches et du feuillage. C'est ce qu'il y a de plus lourd.

Le géant hissa donc le tronc sur ses épaules. Quant au tailleur, il s'installa à califourchon sur l'une des branches. Comme le colosse ne pouvait pas se retourner, il ne s'aperçut de rien et porta à lui seul et l'arbre, et le tailleur. Pendant ce temps, celui-ci sifflotait joyeusement la mélodie des *Trois tailleurs quittant la ville sur leur cheval*, donnant l'impression qu'il n'y avait rien de plus facile pour lui que de porter un tel poids.

Au bout d'un moment, ployant sous son fardeau, le géant ne réussit plus à mettre un pied devant l'autre et s'écria :

— Attention ! Je lâche tout.

Le tailleur sauta à terre d'un bond agile, enserra la tête de l'arbre de ses deux bras, comme s'il n'avait jamais cessé de la porter et dit au géant, l'air narquois :

— Quoi, t'es même pas capable de porter cet arbre !

Poursuivant leur chemin, ils vinrent à passer devant un cerisier. Le géant aussitôt agrippa les branches les plus hautes, dont les fruits étaient mûrs à point. Il les courba jusqu'au sol, puis dit au tailleur :

— Tiens-les et cueille-toi ces bonnes cerises que voilà.

112

Mais le petit homme était trop faible et, dès que le géant retira les mains, les branches se redressèrent et le projetèrent en l'air. Quand il retomba sur le sol, le géant pouffa :

— Qu'est-ce que je vois ! T'as même pas la force de retenir des rameaux aussi chétifs ?

— Ce n'est pas une question de force, répliqua le tailleur. Surtout pour quelqu'un comme moi, dont l'exploit est *Sept d'un coup* ! En fait, j'ai sauté par-dessus l'arbre pour éviter les chasseurs qui tirent en ce moment dans les taillis au-dessous de nous. Fais-en autant, si tu peux.

Le géant essaya à son tour de sauter par-dessus l'arbre, mais il échoua lamentablement et resta suspendu aux branches. Cette fois encore, ce fut le petit tailleur qui gagna.

— Puisque tu te prétends si vaillant, lui dit alors le géant, viens donc passer la nuit avec mes semblables dans notre caverne.

Le tailleur accepta. Quand il pénétra dans la caverne, il vit une bande de colosses assis près du feu, qui dévoraient chacun un agneau rôti. Jetant un regard à la ronde, son atelier lui parut ridiculement petit, comparé à ce lieu. Le géant lui montra un lit où dormir. Mais le lit était si grand que le petit homme préféra s'allonger dans un coin.

À minuit, pensant que le tailleur était profondément endormi, le géant se leva sans bruit, prit une énorme barre de fer et l'abattit violemment en travers du lit. « Avec un coup pareil, se dit-il, cette sauterelle ne risque pas de se relever. »

Aux premières lueurs du jour, les géants partirent dans la forêt en ayant totalement oublié le petit tailleur. On imagine alors leur panique, quand ils le virent arriver tout guilleret. Persuadés qu'il les poursuivait pour les tuer, ils s'enfuirent à toutes jambes.

Le petit tailleur continua donc seul son chemin, nez au vent, faisant confiance à sa bonne étoile. Après bien des jours de marche, il arriva dans le parc d'un palais royal. Comme il était épuisé de fatigue, il se coucha dans l'herbe et s'endormit. Pendant son sommeil, les gens s'attroupèrent autour de lui, se demandant qui il pouvait bien être. Quand ils lurent sur sa ceinture : *Sept d'un coup*, ils s'exclamèrent :

— Que vient faire ici, en temps de paix, ce héros des champs de bataille ? C'est sûrement un homme très puissant.

Songeant que l'homme pourrait être extrêmement utile au royaume si jamais une guerre se déclarait, ils se dirent qu'il ne fallait le laisser repartir à aucun prix et s'empressèrent d'aller en informer le roi. Celui-ci fut de leur avis et envoya un de ses hommes auprès du petit tailleur pour lui proposer de travailler au service de son armée. L'homme attendit que le dormeur se réveille. Quand il le vit s'étirer et ouvrir les yeux, il lui fit part des intentions du roi.

— Ça tombe bien, lui répondit le tailleur. C'est justement la raison de ma venue ici.

On lui réserva un accueil fastueux et on lui attribua un logement digne d'un homme de haut rang. Seuls les militaires ne virent pas d'un bon œil sa présence parmi eux et auraient préféré l'expédier à mille lieues de là, s'ils en avaient eu le pouvoir.

— Imaginons, se dirent-ils, qu'une dispute éclate avec lui et qu'il se mette à nous taper dessus. Si à chaque coup il en abat sept ! Non, on ne peut pas prendre ce risque.

Après en avoir longuement discuté, ils décidèrent de se rendre auprès du roi et lui firent savoir qu'ils le quittaient.

— Comprenez, Majesté ! lui dirent-ils. Nous ne pouvons pas supporter l'idée de vivre aux côtés de quelqu'un capable à tout moment de tuer sept hommes d'un coup.

Le roi était triste de perdre ses fidèles militaires à cause d'un seul homme. Ah, que ne l'eut-il jamais vu ! songeait-il. Et si seulement il pouvait se débarrasser de lui. Mais il n'osait pas le renvoyer, de peur que ce dernier ne se venge en le tuant, lui et son peuple, et en s'emparant du trône royal.

À la recherche d'une solution, le roi se plongea alors dans de profondes méditations. Une idée lui vint à l'esprit. Il fit dire au petit tailleur qu'en raison de son immense talent de guerrier, il avait une proposition à lui faire. Une forêt du royaume était régulièrement dévastée par deux géants qui pillaient, tuaient, incendiaient tout sur leur passage. Jusqu'à présent, personne n'avait pu les approcher sans mettre sa vie en péril. Par contre, si le petit tailleur réussissait à les tuer, il lui offrirait pour récompense la main de sa fille unique et la moitié de son royaume. Le roi précisait qu'il le ferait accompagner d'une escorte de cent cavaliers pour lui prêter main-forte dans son combat contre les deux géants.

Le petit tailleur songea : « Voilà une offre digne d'un homme comme moi. Ce n'est pas tous les jours qu'on vous propose une fille de roi, jolie de surcroît, et la moitié d'un royaume ! »

Puis se tournant vers l'envoyé du roi, il lui dit :

— Faites savoir à Sa Majesté que j'accepte et aussi qu'il se rassure. Je viendrai à bout de ces deux géants, avec ou sans l'assistance de cent cavaliers. Quelqu'un comme moi, dont l'exploit est *Sept d'un coup*, n'a pas à avoir peur de deux misérables géants !

Le petit tailleur quitta le château, accompagné de son escorte de cavaliers. Mais quand ils arrivèrent en bordure de forêt, il leur dit :

— Attendez-moi ici. Je peux m'occuper seul des géants.

Sur ce, il s'enfonça dans la forêt, avançant à pas comptés, regardant dans toutes les directions. Au bout d'un moment, il aperçut les deux géants. Ils étaient profondément endormis sous un arbre et ronflaient si fort que les branches se redressaient, puis retombaient au rythme de leur respiration. Ne reculant devant aucun effort, le petit tailleur se remplit

116

les poches de cailloux, puis grimpa dans l'arbre. Arrivé à mi-hauteur, il se laissa glisser sur une branche jusqu'à se trouver au-dessus des géants. De là, il se mit à jeter les pierres, une à une, sur la poitrine de l'un d'eux. Au début, le dormeur ne ressentit rien jusqu'au moment où il finit par se réveiller. Donnant un coup violent à son compagnon, il lui cria :

— Pourquoi tu me tapes dessus ?

— Tu rêves, répondit l'autre. Je ne te tape pas.

L'affaire en resta là et ils se rendormirent. Le petit tailleur recommença aussitôt à jeter des cailloux, cette fois sur le second géant, qui ne tarda pas à s'écrier :

— Qu'est-ce qui te prend ? Pourquoi tu m'embêtes ?

Et le premier de répliquer, furieux :

— Je t'embête pas.

Ils se disputèrent un moment. Mais comme ils étaient fatigués, ils se laissèrent de nouveau emporter par le sommeil.

Le petit tailleur reprit sa manœuvre. Cette fois, il choisit le plus gros caillou et le lança de toutes ses forces sur la poitrine du premier géant.

— Là, tu exagères ! hurla ce dernier.

Se redressant comme un forcené, il empoigna son compagnon et le projeta violemment contre l'arbre qui en fut ébranlé. Le second géant répliqua de la même façon. La dispute s'envenima. Vint le moment où ils arrachèrent des arbres pour se frapper l'un l'autre jusqu'à ce que mort s'en suive. Le petit tailleur n'eut plus qu'à abandonner son perchoir. Considérant la situation, il songea qu'il avait eu beaucoup de chance. « Heureusement qu'ils n'ont pas arraché l'arbre sur lequel je me trouvais, se dit-il. Sinon j'étais bon pour devoir me lancer dans le vide et sauter sur un autre arbre comme un écureuil. Mais il est vrai que je suis très agile ! »

Avant de s'éloigner, il sortit son épée et l'enfonça plusieurs fois dans la poitrine des géants. Puis il alla rejoindre les cavaliers et leur dit :

— Mission accomplie. J'ai fait rendre l'âme à ces deux vandales. Mais ça n'a pas été facile. Quand ils se sont vus en difficulté, ils ont arraché des arbres pour se défendre. Évidemment, ça ne sert pas à grand-chose quand on a face à soi quelqu'un comme moi, dont la devise est *Sept d'un coup* !

— Vous n'êtes même pas blessé ? demandèrent les cavaliers.

— Ils ne m'ont pas touché un seul cheveu ! répondit le tailleur.

Les cavaliers n'arrivaient pas à y croire et voulurent constater par eux-mêmes. Ils pénétrèrent donc dans la forêt. Et que virent-ils ? Les deux géants baigner dans leur sang et autour d'eux, les arbres qu'ils avaient arrachés.

De retour à la cour, le petit tailleur rappela au roi sa récompense. Mais celui-ci regretta d'avoir promis et imagina déjà un nouveau stratagème pour se débarrasser de ce héros encombrant. S'adressant à lui, il lui dit :

— Avant d'obtenir la main de ma fille et la moitié de mon royaume, il te faut accomplir un nouvel exploit. Une forêt de mon royaume est dévastée par une licorne. Je te demande de la capturer.

— Je n'ai déjà pas eu peur de deux géants. Alors d'une licorne, encore moins ! N'oubliez pas que ma devise, c'est *Sept d'un coup* !

Équipé d'une corde et d'une hache, le petit tailleur partit avec son escorte et lui demanda une nouvelle fois de le laisser entrer seul dans la forêt. Il n'eut pas longtemps à chercher. À peine se fut-il frayé un chemin entre les arbres qu'il vit la licorne foncer sur lui, comme si elle voulait l'embrocher. « Du calme, du calme, se dit-il à lui-même. Surtout pas de précipitation ! » Il s'immobilisa, attendit que l'animal ne soit plus qu'à quelques pas de lui et, au dernier moment, bondit derrière un arbre. Emportée par son élan, la licorne n'eut pas le temps de dévier sa course et enfonça profondément sa corne dans l'écorce. Après, elle eut beau essayer de se dégager, rien n'y fit.

— Maintenant, je te tiens, canaille ! clama le tailleur.

Revenant aussitôt vers la licorne, il lui passa d'abord la corde autour du cou, puis trancha la corne d'un coup de hache. En un tour de main, l'affaire était conclue. Il n'eut plus qu'à conduire l'animal devant le roi.

Cette fois encore, le roi ne respecta pas sa promesse et exigea du petit tailleur un troisième exploit. Il ne lui accorderait la main de sa fille que si celui-ci lui ramenait un sanglier, qui vivait dans une forêt du royaume où il causait de grands ravages. Mais cette fois, disait le roi, son escorte serait composée de chasseurs.

— Volontiers, répondit le tailleur. Tout cela est pour moi un jeu d'enfant.

Quand le petit homme demanda aux chasseurs de le laisser pénétrer seul dans la forêt, ils en furent ravis. À plusieurs reprises déjà, le sanglier leur avait réservé un tel accueil qu'ils n'avaient plus envie de se retrouver nez à nez avec lui.

Dès que le sanglier aperçut le tailleur, il le chargea, les canines en avant, pour le faire tomber à la renverse. C'était sans compter sur l'agilité de notre vaillant guerrier qui entra prestement dans une chapelle à deux pas de là, puis en ressortit aussitôt de l'autre côté en sautant par la fenêtre. Comme le sanglier avait eu la sottise de le suivre à l'intérieur, le tailleur fit rapidement le tour du petit bâtiment pour fermer les portes. Le sanglier était fait comme un rat, trop lourd et maladroit qu'il était pour sauter, lui aussi, par la fenêtre.

Pour témoigner de sa bonne foi, le tailleur demanda aux chasseurs de venir voir par eux-mêmes l'animal emprisonné. Lui se rendit auprès du roi et exigea, qu'il le veuille ou non, de respecter enfin sa promesse en lui accordant la main de sa fille et la moitié de son royaume. Le roi céda, le cœur lourd. Mais s'il avait su qu'il avait devant lui non pas un combattant de grand renom, mais un simple petit tailleur, sa décision lui aurait coûté davantage.

Les noces furent célébrées en grande pompe et c'est ainsi qu'un simple tailleur devint roi.

Quelque temps plus tard, au cours de la nuit, la jeune reine entendit son époux parler en rêve. C'était comme si une autre voix que la sienne s'adressait à lui en ces mots :

— Taille-moi un pourpoint, jeune homme, et répare-moi ce pantalon. Sinon, je t'échauffe les oreilles avec ma baguette !

À cet instant, elle comprit que son mari n'était rien moins qu'un tailleur. Dès le lendemain matin, elle alla déverser ses plaintes auprès de son père, le suppliant de la débarrasser d'un homme qui était quasiment né dans le ruisseau.

Le roi la réconforta et lui dit :

— Cette nuit, laisse ta chambre ouverte. Je vais demander à mes serviteurs de se placer dans le couloir. Dès que ton mari sera endormi, ils viendront le ligoter, puis l'embarqueront sur un navire qui l'emportera à l'autre bout du monde.

La femme accepta avec joie. Mais l'aide de camp du jeune roi avait assisté à l'entretien. Comme il était très attaché à son maître, il courut lui rapporter ce qu'il avait entendu.

— Ne t'inquiète pas, lui répondit le tailleur. Je vais faire échouer leur projet.

Le soir venu, le petit tailleur et sa femme se couchèrent à l'heure habituelle. Quand la jeune reine crut que son mari était endormi, elle se leva sans bruit, alla ouvrir la porte de la chambre, puis se recoucha. Le tailleur, qui faisait semblant de dormir, se mit alors à crier comme si de nouveau il rêvait :

— Taille-moi un pourpoint, jeune homme, et répare-moi ce pantalon. Sinon, je t'échauffe les oreilles avec ma baguette !

Et reprenant sa propre voix, il déclara :

— *Sept d'un coup !* est ma devise. J'ai déjà tué deux géants, attrapé une licorne et un sanglier. Comment pourrais-je avoir peur de ces gens qui sont postés devant la porte de ma chambre ?

À ces mots, les serviteurs furent saisis d'un tel effroi qu'ils décampèrent comme s'ils étaient poursuivis par une horde sauvage. Depuis lors, plus personne n'osa s'en prendre à l'ancien petit tailleur qui resta roi jusqu'à la fin de ses jours.

TABLE

Composition PCA - 44400 Rezé

Dépôt légal 1re publication : novembre 2011

Achevé d'imprimer en Espagne par BLACK PRINT CPI IBERICA

32.04.3015.8/02- ISBN : 978-2-01-323015-5

Loi n° 49-956 du 16 juillet 1949 sur les publications destinées à la jeunesse

Dépôt légal : août 2012